Futebol
POR TODO O MUNDO

Futebol
POR TODO O MUNDO

{ Diálogos com o cinema }

Orgs. **Victor Andrade de Melo** e **Marcos Alvito**

ISBN 85-225-0556-X

Copyright © Victor Andrade de Melo, Marcos Alvito

Direitos desta edição reservados à
EDITORA FGV
Praia de Botafogo, 190 — 14º andar
22250-900 — Rio de Janeiro, RJ — Brasil
Tels.: 0800-21-7777 — 21-2559-5543
Fax: 21-2559-5532
e-mail: editora@fgv.br — pedidoseditora@fgv.br
web site: www.editora.fgv.br

Impresso no Brasil / *Printed in Brazil*

Todos os direitos reservados. A reprodução não autorizada desta publicação, no todo ou em parte, constitui violação do copyright (Lei nº 9.610/98).

Os conceitos emitidos neste livro são de inteira responsabilidade dos autores.

1ª edição — 2006

Revisão de originais: Maria Izabel Penna Buarque de Almeida

Editoração eletrônica: FA Editoração Eletrônica

Revisão: Aleidis de Beltran e Mauro Pinto de Faria

Capa: aspecto:design

Ficha catalográfica elaborada pela Biblioteca
Mario Henrique Simonsen/FGV

    Futebol por todo o mundo: diálogos com o cinema / Organizadores: Victor Andrade de Melo, Marcos Alvito. — Rio de Janeiro : Editora FGV, 2006.
    148p.

    Inclui bibliografia.

    1. Futebol. 2. Futebol — Aspectos sociais. 3. Futebol no cinema. I. Melo, Victor Andrade de. II. Alvito, Marcos. III. Fundação Getulio Vargas.

CDD — 796.334

Sumário

Apresentação   7

1. Futebol e cinema: duas paixões, um planeta   9
   Victor Andrade de Melo

2. Cultura, globalização e futebol: comentários a partir do filme *A Copa*   27
   Gilmar Mascarenhas de Jesus

3. Um dom extraordinário ou "cozinhar é fácil, mas quem sabe driblar como Beckham?": comentários a partir do filme *Driblando o destino*   41
   Simoni Lahud Guedes

4. Diálogos identitários — etnia, gênero, sexualidade e futebol: comentários a partir do filme *Driblando o destino*   55
   Antônio Jorge Soares

5. "*Show me the money!*" — o esporte entre a paixão e o negócio no mundo globalizado: comentários a partir do filme *Jerry Maguire*   69
   Marcos Alvito

6. A morte da "alegria do povo"   81
   José Sérgio Leite Lopes

7. Futebol e gênero no Brasil: comentários a partir do filme *Onda nova*   115
   Leda Maria da Costa

8. Futebol e profissionalização no Brasil: comentários a partir do filme *Passe livre*   129
   Maurício Murad

9. Futebol — nunca somente um jogo: comentários a partir do filme *Febre de bola*   139
   Antonio Holzmeister Oswaldo Cruz

Apresentação

José Lins do Rego, apaixonado torcedor do Flamengo, afirmava: "o conhecimento do Brasil passa pelo futebol". Hoje, mais do que nunca, poderíamos ir além, dizendo que o conhecimento do mundo em tempos de globalização passa pelo futebol. Carro-chefe da indústria do espetáculo esportivo que abraça todo o planeta, o futebol é uma chave para o entendimento de questões tão variadas quanto a identidade nacional, a questão racial, a cultura operária, a religião, a sexualidade e as questões de gênero, o novo capitalismo e o império da mercadoria, entre muitas outras.

A proposta deste livro consiste em explorar as relações entre esporte e sociedade através do futebol. E fazê-lo de forma prazerosa, dialogando com o cinema, outra grande paixão mundial. Assim como outros temas e outros esportes, o futebol não passou despercebido pelas lentes cinematográficas e nesses filmes podemos entender um pouco mais de seus sentidos e significados pelo planeta. São analisados aqui sete filmes, entre documentários e filmes de ficção, grandes sucessos de Hollywood e obras "alternativas". Em termos geográficos, vai-se do pequenino Butão, na Ásia, onde o futebol é ainda incipiente, até a Inglaterra, pátria-mãe do futebol, sem falar do Brasil, é claro. Temos o futebol praticado por mulheres e até por monges budistas, o futebol como profissão e como paixão do torcedor, o futebol lúdico dos dribles desconcertantes de Garrincha e o futebol americano, aparentado com a indústria e a guerra.

Para bater essa bola, convocamos pesquisadores conhecidos nacional e internacionalmente. Temos "veteranos", pioneiros neste campo e autores mais jovens, refletindo o vigor dos estudos atuais sobre o esporte. Todos procuraram escrever textos concisos e de linguagem acessível, mas sem abdicar da profundidade. Nosso time já está escalado, a bola já está no círculo central, agora é hora de você, leitor, entrar em campo.

1

Futebol e cinema: duas paixões, um planeta

Victor Andrade de Melo*

Introdução

> *Em futebol, quando se perde um gol, não tem jeito. Em cinema, se você erra, dá para repetir a cena.*[1]

> *Para os de sensibilidade, e que têm a coragem de se irmanar com o homem da rua, o futebol não é o gesto gratuito que muitos imaginam, mas um território poético, imenso manancial do poder de criação humana no retorno à pureza da infância. É um cometimento estritamente estético com os supremos ingredientes da arte: ritmo, harmonia inventiva, movimento, incursão no tempo e no espaço, equilíbrio e plasticidade.*[2]

Para além da importância de sua temática e abordagem, dois fatores estimularam fortemente a organização deste livro: a realização de mais uma Copa do Mundo de Futebol, em 2006, na Alemanha, e a promoção do IV Ciclo de Cinema e Esporte. O ciclo já vem sendo realizado desde 2003 e, de suas quatro edições, três foram dedicadas a discutir o velho esporte bretão: na primeira foi a temática; na terceira esteve presente, já que o evento foi em torno das "torcidas

---

* Professor do Programa de Pós-Graduação em História Comparada do Instituto de Filosofia e Ciências Sociais e da Escola de Educação Física e Desportos da Universidade Federal do Rio de Janeiro (UFRJ).
[1] Pelé, comentando sua experiência como ator, apud Maurício (2002:16).
[2] Fala do cineasta Wladimir Carvalho, apud Maurício (2002:41).

organizadas"; e na última sua presença por todo o planeta voltou a ser o assunto central.

Temos de confessar: em alguns desses ciclos tentamos fugir do futebol. Para 2006 tínhamos inicialmente pensado em abordar outra temática. Mas como escapar de tamanha paixão, como permanecer inerte perante o poder desse esporte que encanta milhões de pessoas por todo o planeta? Em nossa sociedade, o futebol praticamente se impõe em cada pedaço desse mundo globalizado. Não surpreende, portanto, o fato de que haja mais países ligados à Federação Internacional de Futebol (Fifa) do que à Organização das Nações Unidas (ONU).

Outro sinal interessante: os maiores índices mundiais de audiência televisiva são obtidos exatamente durante a realização das copas do mundo. Somente considerando o sorteio dos grupos para a edição de 2006, 145 países receberam as imagens e aproximadamente 320 milhões de espectadores acompanharam a definição das partidas. Assim, não por acaso, estima-se que o contrato com as 21 empresas que patrocinam o evento renda à Fifa US$ 755 milhões.

Investigamos as relações entre esporte e cinema há quatro anos. E nosso interesse pelo tema foi desencadeado alguns anos antes, em 1999, quando assistimos ao filme *Nós que aqui estamos por vós esperamos*, de Marcelo Masagão. Nesta bela e poética película, uma biografia sentimental do século XX, há uma seqüência em que o cineasta compõe um verdadeiro *pas-de-deux* entre Fred Astaire, ídolo de um dos gêneros cinematográficos mais importantes (o musical), e Garrincha, uma das grandes estrelas e heróis do futebol. Não surpreende que o brilhante Nelson Rodrigues, um dos mais importantes escritores brasileiros e um de nossos principais cronistas esportivos, comparasse o craque de pernas tortas a Charles Chaplin.

Se o futebol é uma grande paixão, o cinema não é um amor menor. Os heróis e heroínas, os vilões e vilãs, as estrelas cinematográficas e seus comportamentos impregnam nosso imaginário. Hábitos e costumes, valores e sensibilidades, formas de ser e de se portar, ocorrências históricas, utopias e sonhos difundidos pelas películas e pelo circuito construído ao redor dessa jovem arte, herdeira direta da modernidade, habitaram o cotidiano de pessoas de todo o mundo, de todas as faixas etárias e estratos sociais, de diferentes sexos e orientações sexuais: nada parece ter passado despercebido aos cineastas e seus filmes.

Assim, quando falamos das relações entre futebol e cinema, estamos certamente narrando os encontros e desencontros entre duas paixões universais, diferentes mas profundamente relacionadas. Alguns, eivados de saudosismo, podem argumentar que tanto cinema quanto futebol já não são os mesmos, tornaram-se hoje combalidas manifestações culturais. Não podemos historicamente compartilhar essas sensações, até porque os números dizem o oposto. Ainda que de forma diversa, mesmo que fazendo uso de outros meios (como a televisão, a internet, os videojogos), ainda que cercados de denúncias e máculas (afinal, como práticas sociais, produzidas por seres humanos, diferentes não poderiam ser), futebol e cinema continuam a manter um lugar especial nas mentes e nos corações dos habitantes do planeta Terra; e provavelmente isso perdurará por muitos anos.

Na verdade, os encontros entre o esporte (e o futebol é hoje o principal representante mundial dessa manifestação cultural) e o cinema não são ocasionais. Vale destacar que são fenômenos típicos da modernidade (ainda que possuam raízes anteriores), organizando-se a partir das mudanças culturais, sociais e econômicas observáveis desde o fim do século XVIII e no decorrer do século XIX. Ambos constituem poderosas representações de valores e desejos que permeiam o imaginário do século XX: a superação de limites, o extremo de determinadas situações, a valorização da tecnologia, a consolidação de identidades nacionais, a busca de uma emoção controlada, o exaltar de um certo conceito de beleza. Ambos celebraram e foram celebrados pelas novas dimensões de vida e de sociedade construídas no decorrer do século que passou.[3]

Este livro se propõe então a investigar esta fértil relação: futebol-cinema-sociedade. E este capítulo deve ser encarado como uma forma de introdução aos textos que se seguirão. Pretende apresentar de forma geral e ampla as peculiaridades dos relacionamentos entre essas duas artes, esses dois fenômenos, essas duas paixões. É uma espécie de "*trailer*" ou "aquecimento/preleção", antecedendo a bela "película" ou "partida" que o leitor irá descortinar nas próximas páginas. Tem como intuito antecipar algumas emoções, estimular o leitor a se preparar para a jornada que ora começa.

Assim, como diria o diretor, "Atenção, silêncio, luz, câmera, ação!", ou, como diria o locutor esportivo, "Apita o juiz, começa a partida!". Vamos ao jogo/filme!

---

[3] Para mais informações, ver Melo (2004) e Melo e Peres (2005).

O futebol no cinema mundial

> *Copiar una obra de arte es imposible; intentarlo es más factible, aunque en el resultado final queda siempre la evidencia de nunca poder mostrar el alma del autor. Al final es una copia inexacta. Algo así debe ocurrir entre el desencuentro del cinema y el fútbol; dos artes según se mire con alma propia sin comparación.*[4]

Vamos encarar logo uma questão que sempre vem à baila quando se discute a participação do futebol no cinema: por que tão pouca presença do velho esporte bretão nas películas produzidas por todo o mundo, inclusive em países nos quais goza de grande popularidade, como o Brasil e a Itália? Se são constantes e profícuos os encontros entre cinema e esporte, por que a mais popular das práticas esportivas contemporâneas está em certo sentido pouco representada, ainda mais quando a comparamos a outros esportes, como o boxe (este quase um gênero à parte entre os filmes esportivos)?[5] Alguns motivos podem ser relacionados.

❑ Questões técnicas

Ao contrário do boxe, da natação e de alguns outros esportes, é muito difícil recriar artificialmente uma partida de futebol. Mesmo que encontrássemos um bom jogador de futebol que também representasse bem, algo pouco provável, seria praticamente impossível recriar exatamente as inusitadas e imprevisíveis situações de um jogo, um dos encantos, aliás, desse esporte.

Ao contrário das películas, que são obras de arte produzidas a partir de um certo controle, até mesmo em função de suas características (normalmente têm um roteiro prévio, envolvem grande número de pessoas na equipe, requerem um vultoso investimento), uma partida de futebol é uma obra de arte bastante aberta, uma performance sem roteiro predefinido (ainda que existam

---

[4] González, 2003:130.
[5] Mais informações sobre a presença do boxe no cinema podem ser obtidas em Melo e Vaz (2005).

as "jogadas ensaiadas"), na qual um grande número de variáveis interfere na configuração do resultado final.[6]

Para solucionar esse problema, os cineastas fizeram uso de recursos diversos: recriaram partidas mesclando atletas profissionais e atores; editaram cenas de jogos "reais" com as de "cenográficos"; fizeram uso de muitos planos-detalhes nos corpos dos jogadores ou planos gerais do gramado; tentaram ensaiar jogadas; extrapolaram ao máximo a trama para além das linhas do gramado. Todos, em maior ou menor grau, fracassaram na tentativa de simular a concretude do esporte. Mesmo que o avanço tecnológico tenha minimizado esses problemas, ainda se está longe de uma solução eficaz.

Certamente também por isso, não é incomum que os filmes de futebol não obtenham grandes resultados de bilheteria, atraindo pouco o público que vai aos estádios. O torcedor, acostumado à dinâmica das quatro linhas, não se satisfaz com o que vê na tela.

Isso com certeza ajuda a explicar o porquê do grande número de filmes documentais produzidos, majoritariamente para o mercado doméstico, nos quais se apresentam coletâneas de belos gols, belas jogadas, fatos inusitados do esporte. Na verdade, também para as salas de projeção se produziu e continua a se produzir esse tipo de películas.[7]

Esse material de natureza documental, que historicamente é mesmo anterior aos filmes de ficção, tem sido de grande importância, ao contribuir para a difusão do futebol por todo o mundo, notadamente a partir da construção de mitos: os grandes jogadores do passado, os jogos inesquecíveis; a mística que envolve o esporte, algo que passa necessariamente pela torcida, uma das facetas fundamentais desse grande espetáculo do século XX.

Não surpreende então que a Fifa tenha lançado, em 2005, o DVD *Fifa fever: o melhor da história do futebol*, com o intuito de comemorar o centenário da instituição (1904-2004). Aí se podem ver imagens de todas as copas do mundo, grandes gols e jogadas, informações sobre importantes jogos e sobre os principais jogadores, visões raras do esporte.

---

[6] Sobre o esporte como uma forma de arte, ver Melo (2005b).
[7] Um exemplo disso é o recentemente lançado *Pelé eterno* (2004, de Anibal Massaini Neto).

Aliás, uma das mais importantes iniciativas documentais relacionadas ao futebol é de origem brasileira: o *Canal 100*, um capítulo à parte nas relações entre futebol e cinema, produzido entre 1959 e 1986. Nesse cinejornal o futebol ocupava lugar de grande importância e era exibido como nunca antes o fora no país, elevado à categoria de um épico. Mesmo mundialmente as imagens esportivas produzidas pela equipe do *Canal 100* estavam entre as mais belas. Tanto assim, que a produtora ganhou a concorrência de exclusividade para a captação de imagens na Copa do Mundo de 1970.[8]

- Dramas
Ainda que a figura do craque seja de grande importância para o futebol, este é um esporte coletivo, onde 22 pessoas (além dos árbitros) interagem todo o tempo. Não é incomum que um jogador pouco conhecido destaque-se em uma partida. Com isso, e pelo que o envolve fora de campo, possui uma força dramática menos explícita do que, por exemplo, o lutador de boxe.
Os esportes individuais permitem exponenciar os embates típicos do cinema, notadamente construídos a partir de uma dualidade maniqueísta: um herói e um bandido, o primeiro sempre se superando para enfrentar o segundo. Além disso, ainda que o futebol seja um jogo violento, esta dimensão não fica tão clara quanto no boxe, onde é sempre a tônica. Violência, sangue e suor são peças de grande valia para a composição de histórias notáveis![9]

- Menor interesse do público norte-americano
A principal indústria cinematográfica mundial ainda é a dos Estados Unidos. Como o público norte-americano tem pouco interesse pelo futebol, é provável que isso também influencie na realização de um número menor de películas onde esse esporte está presente.

De qualquer forma, a despeito de todos esses fatores, não se pode dizer que o futebol esteve ausente das telas. No cinema espanhol, por exemplo, o estudo de Joaquim Ramió (2003) levanta cerca de 65 presenças nas telas grandes (entre curtas e longas), sendo de 1915 o primeiro curta-metragem (*Clarita y Peladilla*

---

[8] Em função do pouco espaço que temos neste capítulo, não aprofundaremos a discussão sobre o *Canal 100*. Para quem desejar mais informações, sugerimos ver Caldeira (2005) e Melo (2005a, 2005c).
[9] Para maiores informações, ver estudo de Melo e Vaz (2005).

van al fútbol, de Benito Perojo) e de 1929 o primeiro longa (*Fútbol, amor y toros*, de Florián Rey).

Entre os filmes espanhóis, podemos destacar a participação como ator do grande jogador Alfredo Di Stefano (por exemplo, no filme *Saeta rubia*, 1956, dirigido por Javier Setó, Di Stefano representa a si mesmo como responsável por organizar uma equipe de futebol), películas sobre o cotidiano do esporte (como o pioneiro *¡¡Campeones!!*, 1942, dirigido por Ramón Torrado) e os mais recentes *El portero* (2000, de Gonzalo Suárez) e *Días de fútbol* (2003, de David Serrano), este último bastante premiado, mantendo-se por um ano entre os três filmes mais assistidos na Espanha.

Além dos filmes que integram este livro (*Febre de bola*, de David Evans, 1997; *A Copa*, de Khyentse Norbu, 1999; *Driblando o destino*, de Gurinder Chadha, 2002), ainda vale destacar os curiosos (e até mesmo inusitados): *Shaolin soccer* (2001, de e com Stephen Chow), uma comédia sobre um time de futebol formado por lutadores de artes marciais; outra comédia, *Ladybugs* (1992, de Sidney Furie, com Rodney Dangerfield no papel principal), sobre um treinador e sua equipe feminina; *Mean machine* (2001, direção de Barry Skolnick), sobre um time formado em um presídio; e as animações japonesas *Super campeões 1 e 2* (2002), sobre um garoto que sonhava em vir para o Brasil e se tornar grande jogador de futebol.

É interessante identificar o lugar que o Brasil (seus jogadores ou referências a seus símbolos, como a camisa de nossa seleção) ocupa em muitas dessas películas, ainda que de forma bastante estereotipada. Parece um mistério que os cineastas desejam entender — a qualidade e o vigor do futebol brasileiro —, quase um ato de reverência.

Essa alusão aparece, por exemplo, em *Meu nome é Joe* (1998), um belíssimo e poético filme do grande cineasta inglês Ken Loach. Ao dirigir seu sensível e crítico olhar para o "submundo" dos desempregados escoceses, o diretor tem como protagonista um alcoólatra que treina o pior time de futebol da região, o qual joga com uma camisa que faz menção à seleção brasileira.

Outro filme bastante denso é *Football factory* (2004, direção de Nick Love), cujo personagem central é um jovem *hooligan*, Tommy Johnson, torcedor do Chelsea: um verdadeiro estudo sobre o papel do futebol na vida cotidiana, a construção de uma cultura masculina e a violência. Longe dos purismos que cercam muitos discursos sobre o esporte, o vemos plenamente inserido no contexto social, ao lado de sexo, drogas, álcool.

Vale ainda mencionar *O medo do goleiro diante do pênalti* (1971), do diretor alemão Win Wenders, baseado no romance de Peter Handke. O filme narra a história de Josef Bloch, um goleiro de uma equipe da segunda divisão que é expulso por cometer uma falta. À noite, ele mata a atendente de cinema com a qual sai, e foge para a casa de uma amiga, de onde acompanha, aparentemente de maneira desinteressada, a perseguição da polícia, que o captura em um estádio de futebol. Mesmo que não haja muito do esporte na trama, vale pelo destaque que tem para desencadear o drama.

Um dos filmes mais relevantes que tentou levar o velho esporte bretão para as grandes telas foi *Fuga para a vitória* (1981), dirigido pelo importante cineasta John Huston, estrelado por grandes nomes do cinema (como Sylvester Stallone e Michael Caine) e do futebol (como Pelé e Bobby Moore).

Essa película vale a pena ser destacada pela força dramática do enredo e por ser síntese dos desafios encarados pelos cineastas que desejam filmar o futebol. O pano de fundo da trama é um jogo disputado, na II Grande Guerra, entre o selecionado alemão e uma equipe de prisioneiros de guerra (liderada pelo capitão inglês John Colby).

O que era a princípio uma atividade local (uma brincadeira, um "jogo de várzea", proposta do major Karl Von Steiner) vai se transformando em um evento, uma disputa simbólica de enorme vulto. Os alemães desejam vencer a todo custo para provar a supremacia do regime nazista; os presos querem aproveitar a situação para fugir.

Na verdade, é difícil ver o filme e não lembrar da famosa frase de Bill Shankly, técnico do Liverpool nos anos 1960: "o futebol não é uma questão de vida ou morte; é muito mais do que isso". No caso da película, isso é levado literalmente ao pé da letra. Os paralelos entre "vida" e "jogo", entre "esporte" e "guerra", entre "resultados" e "honra" permeiam todo a trama.

Inspirado em episódio real, esse aparentemente banal roteiro acaba tocando, ora mais, ora menos intencionalmente, em muitas questões: o uso político do futebol; o esporte como propaganda; a imprevisibilidade do jogo; as falcatruas do campo esportivo; os privilégios dos atletas; as desigualdades que podem interferir nos resultados; o importante papel da torcida; a questão da honra, do companheirismo, da superação; os limites da liberdade.

Ainda que não possa ser considerado um grande filme, é bastante interessante para discutirmos a presença social do futebol a partir de suas relações com o cinema. O argumento central, ainda que polêmico, é resumidamente bem captado por Gonzalez (2003:133):

> *Como pudo demostrar este guión y este argumento, el fútbol es un estado de igualdad, en el que cualquiera puede aspirar a ser mejor con diferentes armas. Aquí no se utilizaban las agresivas y convencionales, se pretendían hacer daño con lo que más duele: sin violencia y con la inspiración.*

Mesmo que do ponto de vista da análise sociológica esta afirmação não se sustente plenamente, não podemos negar que é um discurso corrente, reforçado, portanto, neste e em outros casos, pelo cinema.

John Huston, experimentado e premiado cineasta, ainda que não fosse muito ligado ao futebol, soube enfrentar os desafios de transpor este esporte para as telas. Para dar conta das questões técnicas, usou ao máximo cada elemento de sua equipe, compondo um *mix* entre jogadores e atores.

Como uma grande parte do filme não se passa nos gramados (e isso já é em si uma estratégia narrativa), pouco se vê da atuação dos jogadores como atores (e quando isso ocorre, é bastante deficiente do ponto de vista dramatúrgico). Nesse caso, o diretor procurou compensar com as estrelas do cinema norte-americano.

Para as cenas de futebol, contou com a contribuição de Pelé na preparação das "coreografias" dos treinos e da partida. Aliás, por si só a presença do "rei do futebol", sempre encantado e envolvido com o cinema, como se soubesse que é uma mídia fundamental para construir o mito a seu redor,[10] já pode ter funcionado como chamariz de público.

Obviamente devemos considerar que Huston encarou o limite tão bem apontado por José Gonzalez:[11] *"por sí solo el fútbol es inimitable y irreproducible. Como el cine".* Ou alguém pode ter em conta como factível Sylvester Stallone no papel de goleiro da equipe dos prisioneiros (ainda que Huston tenha procurado também lidar com isso, já que o personagem era apresentado como "perna-de-

---

[10] Mais informações sobre o envolvimento de Pelé com o cinema podem ser obtidas em Melo (2005c).
[11] Ibid., p. 131.

pau", nunca tendo atuado antes como goleiro e somente participando da partida em função das injunções do plano de fuga)?

Huston, buscando desencadear emoções ao redor da partida, soube de forma adequada recriar algo muito comum nos filmes de boxe: uma composição claramente maniqueísta, na qual ficam bem marcados os papéis de heróis (prisioneiros) e bandidos (alemães nazistas), ainda que com matizes de ambos os lados (pequenas fragilidades de caráter de alguns presos e sentimento de "nobreza esportiva" do major alemão Steiner, algo que supostamente trouxera de sua experiência como jogador de futebol). Ao usar a esse recurso, torna mais eficaz o recriar de estruturas dramáticas desenvolvidas pelo cinema norte-americano no decorrer de sua história.

Aliás, vale lembrar que Huston foi boxeador na sua juventude e trabalhou como jornalista esportivo durante alguns anos. Não por acaso foi também diretor de películas onde o boxe (a "nobre arte") ocupava lugar central, como *Cidade das ilusões* (1972). Com isso, queremos argumentar que uma das estratégias do diretor de *Fuga para a vitória* foi aproximá-lo das estruturas dos filmes de pugilismo, que, em função de suas características, é um esporte mais adequado para o formato da narrativa cinematográfica mais tradicional.[12]

Fuga para a vitória, sem ser um filme inesquecível, é um bom exemplo de como algumas temáticas estiveram presentes nas oportunidades em que o futebol freqüentou as grandes telas: o jogo como metáfora da vida; das tensões entre desencanto e superação; como forma de controle e também de resistência; como mecanismo de desilusão, assim como de êxtase; como retrato das múltiplas dimensões que compõem um ser humano e a sociedade na qual vive.[13]

Antes de encerrar esse item, gostaríamos de proceder a uma última discussão. Provavelmente o leitor fez uma ligação direta entre o futebol e o jogo no qual 11 jogadores de cada lado tentam fazer a bola penetrar na meta adversária, fazendo para isso uso exclusivo dos pés (com exceção do goleiro, autorizado a usar as mãos). Mas, lembremos, existem muitos outros "futebóis" pelo mundo, que também gozam de grande popularidade.

Entre os mais populares, temos o *rugby* e o futebol americano, que também já inspiraram muitas películas. Entre elas, *Duelo de titãs* (2000, de Boaz Yakin),

---

[12] Para mais informações, ver Melo e Vaz (2005).
[13] A resenha completa do filme está disponível em <www.lazer.eefd.ufrj.br>.

com Denzel Washington no papel principal, e *Jerry Maguire* (1996, dirigido por Cameron Crowe), estrelada por Tom Cruise. Fizemos questão de incluir este último filme no livro para lembrar que o universo do futebol é bem maior do que normalmente visualizamos.

Aliás, vale a pena lembrar o enorme número de outras formas de manifestação desse maravilhoso esporte: seja em jogos populares infantis (rebatida, cascudinho, golzinho, disputa de embaixadinhas), seja em brinquedos (jogo de peteleco, jogo de preguinho, jogo de chapinha, totó ou pebolim), seja em videojogos (Fifa Soccer, Championship Manager). O futebol também está presente na música, na poesia, nas crônicas, nas obras de arte, na dança. Lamentavelmente não podemos tratar desse assunto neste capítulo, mas serve para destacar como esse esporte está presente em todos os espaços de nossa vida cotidiana. Assim, por que não estaria no cinema?

O futebol no cinema brasileiro

> *"Garrincha, alegria do povo", documentário sobre o futebol brasileiro, é antes de tudo visão do povo, do amor do povo, da miséria, da alegria, da superstição e da grandeza do povo na figura do menino das pernas tortas, que é o improviso do povo.*[14]

E no "país do futebol", como o cinema representou esse esporte? Por aqui volta e meia também vemos surgir a discussão de que temos poucos filmes sobre o assunto. Já aprofundamos um pouco tal discussão em outros momentos[15] e aqui queremos ir direto ao ponto: isso não é verdade. De fato, o que há é um desconhecimento de nossa produção cinematográfica, uma restrição na consideração somente dos longa-metragens e uma comparação infundada com outros países: de nada adianta contrastar com outros esportes nos Estados Unidos, por exemplo; lá há mais filmes de qualquer coisa!

---

[14] Rocha, 2003:149.
[15] Melo, 2003.

Segundo o levantamento que realizamos em mais de 4.500 longas brasileiros, entre 196 que de alguma forma representam o esporte, 109 trazem algo relacionado ao futebol. Obviamente esse grau de presença é muito variável, havendo desde breves citações (por exemplo, em *Morro da Conceição*, 2005, de Cristina Grumbach, um dos entrevistados foi jogador; em *Ópera do malandro*, 1985, de Ruy Guerra, há uma cena em um estádio), algum personagem da trama que é jogador (como no caso de *Bossa nova*, 2000, de Bruno Barreto, ou *O casamento de Louise*, 2001, de Betse Paula); passando por aqueles em que o futebol ocupa uma espaço de relativa importância (como no fundamental *Rio 40 graus*, 1955, de Nelson Pereira dos Santos), até aquele em que é assunto central.[16]

Entre esses últimos, vários são os assuntos abordados: clubes de futebol (caso de *Flamengo paixão*, 1980, David Neves), copas do mundo (por exemplo, *Brasil bom de bola*, 1971, Carlos Niemeyer), jogadores de futebol (caso de *O rei Pelé*, 1974, Luiz Carlos Barreto e Eduardo Escorel), loteria esportiva (por exemplo, *Treze pontos*, 1985, Alonso Gonçalves), questões de gênero (*Onda nova*, 1983, José Antônio Garcia), dificuldades da carreira de jogador (*Asa Branca, sonho brasileiro*, 1981, Djalma Limongi Batista) e relações com a política (*Pra frente Brasil*, 1982, Roberto Farias), entre muitos outros.

Além de documentários, encontramos o futebol em comédias (*O corintiano*, 1966, de Milton Amaral, com Mazzaropi; *Os Trapalhões e o rei do futebol*, 1986, Carlos Manga), dramas (*Os trombadinhas*, 1979, Anselmo Duarte), policiais (*Máscara da traição*, 1969, Roberto Pires), animação (*A turma do gol*, 2000, Paulo Marioti) e até em filmes de sexo explícito (*A pelada do sexo*, 1985, Mário Lúcio).

Entre os cineastas, além dos já citados: Antônio Carlos Fontoura, Carlos Diegues, Carlos Gerbase, Carlos Hugo Christensen, Domingos de Oliveira, Fernando Cony Campos, Glauber Rocha, J. B. Thanko, João Moreira Salles, Joaquim Pedro de Andrade, Leon Hirszman, Luiz de Barros, Maurice Capovilla, Murilo Salles, Oswaldo Caldeira, Ugo Giorgetti, entre outros.

Como não é possível neste capítulo comentar todos os filmes brasileiros que tiveram como tema o futebol, além daqueles que os leitores encontrarão

---

[16] Uma lista completa de todos os filmes brasileiros que tematizam o esporte, bem como dos específicos de futebol, pode ser encontrada em <www.lazer.eefd.ufrj.br/esportearte>.

neste livro (*Garrincha, alegria do povo*, 1963, Joaquim Pedro de Andrade; *Passe livre*, 1975, Oswaldo Caldeira; *Onda nova*, 1983, José Antônio Garcia), gostaríamos de destacar alguns pelos seu pioneirismo e/ou importância. Na verdade, o futebol esteve nas primeiras películas brasileiras que incorporaram o esporte em sua narrativa.

Por exemplo, em 1931, Genésio Arruda, famoso ator e humorista, dirige *Campeão de futebol*, uma homenagem aos jogadores da época. Este foi o primeiro filme nacional de ficção onde o esporte foi efetivamente o assunto central da trama. Na película atuaram muitos atletas famosos à época, como Feitiço e o grande Arthur Friendreich.

Já *Alma e corpo de uma raça* (1938), dirigido por Milton Rodrigues, um dos irmãos de Nelson Rodrigues, foi produzido por Adhemar Gonzaga e pela Cinédia, um dos mais importantes estúdios do cinema nacional, responsável por obras-primas de nossa cinematografia e por um de nossos mais conhecidos modelos fílmicos: as chanchadas.

Como locação para esse filme, foram utilizadas as dependências do Clube de Regatas do Flamengo. Também foi utilizado o recurso comum de misturar atores profissionais e jogadores de futebol (entre eles, Leônidas da Silva). O filme conta a história de dois atletas do clube que disputam o amor de uma mulher. Ela se casará com aquele que der a vitória ao Flamengo. Este foi o primeiro filme diretamente ligado a um clube esportivo.

No mesmo ano, Ruy Costa dirigiu *Futebol em família*, com o qual estiveram envolvidos importantes nomes do cinema brasileiro: Edgar Brasil (fotografia), Moacyr Fenelon (sonografia) e Wallace Downey (supervisão). No elenco, a tradicional mescla de jogadores (do Fluminense Futebol Clube) e atores (como Grande Otelo e Dircinha Batista). A película narra os problemas de um jovem com os pais, por pretender ser jogador de futebol.

Em 1946 é lançado *Gol da vitória*, dirigido por José Carlos Burle, um dos fundadores da Atlântida, estúdio criado no início dos anos 1940, responsável pelos maiores sucessos daquela década. Grande Otelo representou o craque Laurindo, personagem inspirado em Leônidas da Silva.

A Copa do Mundo de 1950, dirigido por Milton Rodrigues e produzido por Mário Filho, seu irmão e importante jornalista esportivo, busca os motivos que levaram o Brasil a ser derrotado pelo Uruguai na final daquele evento, em pleno Maracanã. Foi o primeiro documentário cujo tema é o esporte.[17]

O futebol esteve presente ainda em outros três filmes que merecem ser destacados. O primeiro deles é *Rio 40 graus* (1955), de Nelson Pereira dos Santos. Ainda que não seja o assunto central da película, ocupa importante espaço em um dos marcos do cinema nacional. De acordo com Alex Viany (1967:127),[18] este filme

> não deixou de dar um novo tom de seriedade ao número ainda pequeno de filmes brasileiros dedicados a temas desportivos, ao mesmo tempo que, fragmentariamente, apresentava uns tantos tipos válidos, como o jogador que não mais interessa aos torcedores (Al Ghiu), o jogador que é lançado no fogo (Domingos Paron), o torcedor completo (Jackson de Souza) e o brigão das gerais (Jece Valadão).

Já *Garrincha, alegria do povo* (1963) é certamente um dos principais filmes brasileiros e um dos mais importantes que tiveram como tema o futebol, merecendo um capítulo à parte. Nomes jovens e destacados do cinema nacional estiveram envolvidos em sua produção: Joaquim Pedro de Andrade (direção e roteiro), Luiz Carlos Barreto (produção), Armando Nogueira (produção e roteiro), Mário Carneiro e David Neves (fotografia).

O filme narra a trajetória do jogador, sua capacidade de encantar os fãs com a personalidade, suas pernas tortas, seus dribles e extraordinário talento para surpreender os adversários. O documentário intercala depoimentos, trechos de cinejornais e algumas imagens tomadas no Maracanã, sempre procurando situar o aspecto social do futebol no Brasil. A figura de Garrincha é utilizada para traçar um retrato do povo brasileiro, aquele que não tem nada para dar certo, mas, sabe-se lá como, acaba triunfando.

Contudo, essa vitória é parcial, porque os usos de sua imagem tendem a incorporá-lo ao *status quo*, em certa medida desreferenciando-o, deslocando-o de seu papel original, o que deixa poucas opções de sobrevivência ativa. Se o futebol é fator de libertação e de festa, o cineasta também desconfia que possa ser de alienação e manipulação, algo que é tratado de forma sutil e complexa.[19]

---

[17] Mais informações sobre esses filmes podem ser obtidas em: Melo (2003) e Murad (1999).
[18] Este artigo foi originalmente publicado em *Olimpíada – Revista da Confederação Brasileira de Desportos Universitários*, em agosto de 1957.
[19] Para mais informações, ver Melo (2005a).

Por fim, *Pra frente Brasil* (1982), dirigido por Roberto Farias, em plena época de abertura política, faz um paralelo entre o envolvimento popular com a Copa do Mundo de 1970, na qual o Brasil se sagrou campeão, e as torturas e movimentos de contestação do regime, desconfiando de que o futebol possa ser utilizado com ópio do povo. Destacam-se ainda as polêmicas que esse filme desencadeou com a censura à época, o que levou inclusive ao pedido de demissão de Celso Amorim da presidência da Embrafilme.[20]

Há ainda duas facetas menos conhecidas do grande público que devem ser levantadas quando falamos da presença do futebol nas telas nacionais. Uma delas é o sem-número de imagens documentais que podemos encontrar nos curtas-metragens pioneiros do cinema brasileiro e nos cinejornais, programas que eram exibidos antes do filme principal, esportivos (como *O Esporte em Marcha* ou *O Esporte na Tela*) ou não (como *Brasil Atualidades* ou *Notícias da Semana*), cujo principal destaque é o já comentado *Canal 100*.

Em nossas investigações, encontramos 23 breves filmes documentais sobre o futebol, realizados nas duas primeiras décadas do século XX. Entre eles, destacamos: *Match internacional de futebol entre brasileiros e argentinos* (1907); *Entrega das taças aos campeões paulistas de futebol* (1907), *Campeonato de 1908* e *Match de futebol entre Ingleses e Fluminense* (1908); *Botafogo, campeão de futebol de 1910* (1910); *Fluminense Futebol Clube – Fla X Flu* (1919).[21]

Não podemos concluir esta seção sem falar dos muitos curtas-metragens de ficção, cujo número tem sido crescente nos últimos anos. Não por acaso na terceira edição do Ciclo de Cinema e Esporte incluímos na programação três deles: *Unido vencerás* (2003, de Pedro Asbeg), *Decisão* (1997, de Leila Hipólito) e *Cartão vermelho* (1994, de Lais Bodanzky). Certamente, nesses curtas, alguns também de caráter documental, podemos identificar representações do futebol na sociedade brasileira a partir de suas múltiplas facetas e inter-relações.

Seria impossível aqui resumir o volume e a qualidade dessa produção. No site Porta-Curtas (www.portacurtas.com.br) existem disponíveis 26 filmes dedicados ao futebol. No site Curtaagora (www.curtaagora.com) encontramos mais dois títulos diferentes. Mas esses são somente pequenos exemplos do muito que tem sido produzido.

---

[20] Para mais informações, ver Silva (2005).
[21] Mais informações sobre os curtas-metragens e cinejornais em Melo (2005c).

Como destaques, mencionamos *Uma história de futebol* (1998, de Paulo Macline), que disputou o Oscar de melhor curta-metragem, e os curtas da Raça Filmes, uma produtora dirigida por Pedro Asbeg e Felipe Nepomuceno, que tem se especializado em captar o futebol a partir de diferentes dimensões e olhares. Por isso, no 4º Ciclo de Cinema e Esporte resolvemos dedicar a esta produtora uma sessão de discussão, onde foram exibidos: *O deus da raça*, de Felipe Nepomuceno e Pedro Asbeg (2003), *Memórias de um guerrilheiro*, de Felipe Nepomuceno (2005) e *Brasil*, de Felipe Nepomuceno e Pedro Asbeg (2005).

Para terminar: o cinema no futebol

Já vai longe este capítulo introdutório, mas não podemos encerrar sem tratar de um assunto de grande importância: o cinema (ou a imagem em um sentido mais amplo) teria influenciado a própria dinâmica do futebol? Desde o início o fato concreto é que as relações entre a arte cinematográfica e o esporte tiveram uma dupla dimensão: contribuíram para ampliar o alcance dos espetáculos (tanto esporte quanto cinema) e para aumentar a objetividade na análise dos resultados das competições, já que supostamente bastaria filmar as provas e partidas para que qualquer dúvida fosse sanada.

Há duas questões que precisam ser encaradas. O uso de imagens é isento de dúvida? Certamente que não, e as polêmicas permanecem. Na Copa de 2002, por exemplo, ficou famoso o episódio em que praticamente todos os jornalistas afirmaram que o árbitro errara em uma situação polêmica de jogo, fazendo uso para tal de diversas fotografias e *takes* tomados aproximadamente do mesmo ponto de vista. Até que surgiu uma foto tirada de outro ângulo, de outro plano, demonstrando que a decisão do árbitro era perfeita. O uso das imagens para melhor observância das regras do espetáculo futebol é algo que desencadeia profícuos debates.

A segunda questão é que certamente a utilização de imagens, no decorrer do tempo, também trouxe modificações na postura do observador da prática esportiva. Se antes o torcedor dependia basicamente dele mesmo para tomar posicionamentos perante o que estava sendo assistido, a atual utilização de imagens nos espetáculos esportivos acabou por, de alguma forma, retirar um pouco de seu papel definidor, diminuir seu papel ativo. O recurso do videoteipe e seus desdobramentos (tira-teimas, programas que calculam "exatamente" o que ocorreu) acabam por ser apresentados como a "verdade", o objetivo, o "científico", deixando a opinião do torcedor para o campo da "doxa".

Não estamos afirmando que o uso de imagens "estragou" a prática esportiva, mas a chamar a atenção para as mudanças que provocou. Mudanças paulatinas, multifacetadas e cada vez maiores. Como exemplo claro, estão as constantes modificações nas regras de determinados esportes, como o voleibol, para que o jogo se torne mais adequado à transmissão televisiva.

Existe um número enorme de imagens e programas esportivos nas televisões de todo o mundo. O esporte é agora levado para dentro dos lares. Todos têm acesso a um discurso relativamente homogêneo acerca da prática, mesmo que persistam as polêmicas. Os torcedores são, sim, ativos, mas lidam com estruturas bastante fortes de convencimento, simultaneamente e em diferentes graus rechaçadas e incorporadas.

O importante é entender que a possibilidade de difusão rompeu o limite claro entre o público e o privado, envolveu ainda mais mulheres, famílias, filhos (algo que já era observável anteriormente nas instalações esportivas), mas estabeleceu um acesso mediado pelos "especialistas" a partir de uma idéia de objetividade. Se a relação do torcedor com o futebol sempre foi muito *erótica*, nos dias de hoje ela vai se tornando cada vez mais *pornográfica*, pela predominância de recursos de imagem que explicitam cada centímetro e cada instante das atividades esportivas.[22]

Enfim, como um caminho de mão dupla, cinema e futebol se interinfluenciaram e dialogaram constantemente. E esse percurso nos permite vislumbrar uma possibilidade de compreender os discursos acerca da sociedade, determinadas representações, certos mitos. Estar atento a isso, como ferramenta de investigação, como possibilidade pedagógica ou como maneira de ampliar nosso prazer, é uma necessidade e um desafio para todos nós, pesquisadores, estudiosos, interessados ou fãs.

Bem, "*trailer*" exibido, "aquecimento e preleção" feitos, passemos então ao nosso jogo e às contribuições do time de craques que compõe este nosso livro.

Referências bibliográficas

CALDEIRA, Oswaldo. Garrincha, alegria do povo: futebol, tema de filme? In: MELO, Victor Andrade de; PERES, Fabio de Faria. *O esporte vai ao cinema*. Rio de Janeiro: Senac/RJ, 2005.

---

[22] Mais informações sobre tal discussão podem ser obtidas em Melo (2004).

GONZÁLEZ, José Miguel. Evasión o victoria. *Nickel Odeon*, Madrid, n. 33, inverno 2003.

MAURÍCIO, Ivan. *90 minutos de sabedoria*. Rio de Janeiro: Garamond, 2002.

MELO, Victor Andrade de. Memórias do esporte no cinema brasileiro: sua presença em longa-metragens brasileiros. *Revista Brasileira de Ciências do Esporte*, Florianópolis, v. 25, n. 1, 2003.

_____. *Esporte, imagem, cinema*: diálogos. Rio de Janeiro: Programa Avançado de Cultura Contemporânea, 2004. Disponível em: <www.lazer.eefd.ufrj.br/cinema>. Acesso em: 30 mar. 2006. (Relatório de pesquisa/pós-doutorado em estudos culturais).

_____. Eficiência x jogo de cintura: Garrincha, Pelé, Nélson Rodrigues e a construção da identidade nacional. In: CONGRESSO BRASILEIRO DE CIÊNCIAS DO ESPORTE, 14. *Anais...* Porto Alegre: UFRGS, 2005a.

_____. O esporte como uma forma de arte: diálogos entre (duas?) linguagens. *Movimento*, Porto Alegre, v. 11, n. 2, maio/ago. 2005b.

_____. Esporte e cinema: diálogos. As primeiras imagens brasileiras. *Revista Brasileira de Ciências do Esporte*, Campinas, v. 26, n. 2, 2005c.

_____; PERES, Fabio de Faria. *O esporte vai ao cinema*. Rio de Janeiro: Senac/RJ, 2005.

_____; VAZ, Alexandre Fernandez. *Cinema, corpo e boxe*: reflexões sobre suas relações e notas sobre a questão da construção da masculinidade. Rio de Janeiro e Florianópolis, 2005. ms.

MURAD, Maurício. Futebol e cinema no Brasil 1908/1998. In: COSTA, Márcia Regina et al. (Orgs.). *Futebol*: espetáculo do século. São Paulo: Musa, 1999.

RAMIÓ, Joaquim Romaguera I. *Presencia del deporte em el cine español*. Madrid: Fundación Andalucía Olímpica y Consejo Superior de Deportes, 2003.

ROCHA, Glauber. *Revisão crítica do cinema brasileiro*. São Paulo: Cosac & Naify, 2003.

SILVA, Francisco Carlos Teixeira da. Futebol e política: Pra frente Brasil. In: MELO, Victor Andrade de; PERES, Fabio de Faria. *O esporte vai ao cinema*. Rio de Janeiro: Senac/RJ, 2005.

VIANY, Alex. Cinema no Maracanã. In: PEDROSA, Milton. *Gol de letra*: o futebol na literatura brasileira. Rio de Janeiro: Gol, 1967.

2

Cultura, globalização e futebol: comentários a partir do filme *A Copa*

*Gilmar Mascarenhas de Jesus**

 A Copa — Ficha técnica

Diretor: Khyentse Norbu
País/ano: Butão/1999
Sinopse: Orgyen é um jovem monge com uma grande paixão: o futebol. Em plena época da Copa do Mundo de 1998, ele faz de tudo para conseguir assistir as partidas das principais seleções e, juntamente com seu amigo Lodo, tenta driblar a vigilância do mestre Geko.

Introdução

— *Mas afinal, o que é essa coisa de futebol?*
— *São dois países lutando por uma bola.*
— *Então é uma guerra!*
— *Não, senhor, não se trata de guerra.*
— *Não há violência?*
— *Sim, alguma...*
— *Humm... Há sexo?*
— *Não, não há sexo.*

Final do século XX. Não estamos num sanatório. Em plena Copa do Mundo, soa deveras improvável o diálogo entre dois sóbrios senhores. Mais ainda em

---

* Professor do Departamento de Geografia da Universidade do Estado do Rio de Janeiro (Uerj).

se tratando de indivíduos considerados sábios, que realmente estudaram muito ao longo de suas vidas. Todavia, em um dado país asiático esta conversa de fato ocorreu. Deu-se entre monges budistas, num remoto mosteiro situado nas montanhas do Himalaia, em 1998, quando era encaminhada (e esclarecida) à autoridade máxima do estabelecimento a súplica dos meninos: poder assistir aos principais jogos da Copa.

Estamos no Butão, discreta entidade política ensanduichada pelos gigantes China e Índia. Seu escasso contingente demográfico se espraia pelos íngremes vales e vertentes e sobrevive, em sua ampla maioria, de rústica atividade extrativa e agropecuária. No *ranking* da Fifa ocupa o penúltimo lugar (a 202ª posição), à frente apenas do minúsculo e ainda mais desconhecido Montserrat.[1]

Perguntas pairam no ar: como pode um lúcido indivíduo, nos dias de hoje, desconhecer uma das manifestações culturais mais difundidas do planeta? Como o futebol chegou àquelas montanhas e por que tanto custou a se difundir? E, por fim, como este esporte e todo seu poder simbólico se insere no universo cotidiano local?

A situação vivida pelos butaneses nos causa estranheza, pois o futebol é o mais duradouro, disseminado e bem-sucedido produto de exportação da grande potência mundial do século XIX, a Inglaterra. Espalhou-se pelos parques vitorianos e fecundou toda uma nascente cultura operária à qual serviu como eficiente "pedagogia da fábrica": trabalho em equipe, obediência às regras, especialização nas tarefas, submissão ao cronômetro etc. Para além das Ilhas Britânicas e a serviço destas, milhares de homens singravam os oceanos, disputando "peladas" pelos portos do mundo. Enquanto alimentavam com suor e sofrimento os circuitos imperialistas, semeavam com suor e prazer a vigorosa semente do futebol.

Nesse jogo encontramos o poder mágico do acaso (o tão citado "mar de imponderabilidades"), a simplicidade das regras (a única de complicada execução, o "impedimento", é sumariamente abolida no futebol informal) e a fácil assimilação e improvisação: pés descalços, bolas de meia, pedras demarcando ba-

---

[1] Montserrat, um protetorado inglês, é uma pequena ilha do Caribe, com apenas 4 mil habitantes. Logo após ter-se filiado à Fifa em 1996, Montserrat sofreu uma erupção vulcânica que fez com que a metade da ilha ficasse inabitável e forçou muitas pessoas a sair. O único lugar que podia realizar jogos internacionais está coberto de cinzas vulcânicas e foi abandonado. O esporte mais popular em Montserrat ainda é o críquete, reflexo da antiga presença britânica.

lizas (lembremos que outras modalidades de esporte coletivo dependem de equipamentos especiais: basquete e voleibol demandam objetos que quicam, além de cestas ou linhas suspensas no ar; beisebol e críquete requerem bastões etc.).

Todavia, se é verdade que o *association football* possui notórios ingredientes sedutores, sua difusão e incontestável êxito planetário também se devem a fatores externos ao jogo em si: o futebol encontrou impulso e abrigo nos diversos movimentos nacionalistas então em voga, na constante expansão do mundo fabril e na própria urbanização, que privou grandes contingentes populacionais do vasto leque de opções lúdicas do campo. Gente pobre que preenchia seu tempo e suas carências divertindo-se no anonimato dos baldios com um jogo simples e totalmente gratuito em sua fácil improvisação.

A Fifa (Fédération Internationale de Football Association) congrega um número maior de países que a própria ONU: 203 contra apenas 191 Estados-membros. A lista de seleções nacionais não-filiadas, mas que desejam fazê-lo, como o Tibet, a Catalunha, a Groenlândia e o País Basco, atinge dezenas de candidatos.

O futebol segue sua expansão vertiginosa, desbravando regiões outrora resistentes, tais como o subcontinente indiano (território tradicional do críquete), o Extremo Oriente (onde foi realizada a primeira Copa do Mundo fora do eixo Europa Ocidental-América), os Estados Unidos e a Venezuela (respectivamente centro e periferia do território do beisebol). Movido pela promessa de lucros gigantescos em nova onda de difusão mundial (pós-1980), torna-se o futebol um dos mais extensos fios do emaranhado tecido da globalização atual.

A isolada região montanhosa do Himalaia é apenas mais uma de suas muitas fronteiras de expansão. Vale então conferir o longa-metragem de Khyentse Norbu,[2] *The Cup* (Butão, 1999), metadocumentário que registra a perturbadora chegada da paixão futebolística pelas antenas de TV, captando imagens da Copa do Mundo de 1998 (França), rompendo o silêncio e o equilíbrio milenares de um remoto monastério budista. Já nas primeiras cenas, os meninos contrariam as severas normas do mosteiro se divertindo no pátio, improvisando como bola de

---

[2] Nascido em 1961 no Tibet, K. Norbu é um guia espiritual respeitado e é considerado um provocativo intérprete do budismo tibetano. Trabalhou com Bernardo Bertolucci em *O pequeno Buda*. Este é seu primeiro filme como diretor, e também o primeiro longa-metragem butanês.

futebol uma lata de refrigerante: emblematicamente, o futebol e a Coca-Cola como as mais afiadas pontas-de-lança da globalização.

Nosso texto se divide em dois segmentos, além desta introdução e da conclusão. O primeiro aborda a difusão planetária do futebol, seus agentes e contextos, no sentido de compreender sua quase onipresença global. No segundo segmento, apoiados no filme e em pesquisa exclusiva, mergulhamos no universo local, a fim de analisar o processo de adoção do futebol, seu ritmo, sua complexidade e sua inserção na vida cotidiana daquela remota região. Na conclusão, tecemos breves considerações sobre a natureza da globalização e da difusão do futebol em nossos dias.

Nas tramas da difusão: um fenômeno mundial

A difusão planetária do futebol está intrinsecamente relacionada ao imperialismo inglês e sua vasta área de influência, condição que lhe permitiu êxito muito superior ao de outras modalidades de esporte coletivo também detentoras de grande apelo popular, como o beisebol norte-americano.[3]

Lembremos que das Ilhas Britânicas partiu mais de 1/3 da volumosa onda migratória européia entre 1850 e 1890.[4] E que, considerando-se o chamado "império informal", aquele formado por Estados independentes, porém subalternos economicamente à Inglaterra, no final do século XIX "talvez 1/3 do planeta fosse britânico em sentido econômico e, na verdade, cultural".[5] Evidentemente, nem todas as regiões que adotaram do futebol são colônias inglesas, mas em praticamente todos os países com os quais mantiveram relações comerciais, os ingleses aportaram este jogo como mais um produto de sua vigorosa "indústria".

Partimos da hipótese de que o futebol não teria se difundido tão amplamente no final do século XIX se diversas localidades do planeta não estivessem

---

[3] O beisebol adquiriu grande popularidade nos Estados Unidos, antecipando-se neste aspecto em uma ou duas décadas em relação ao futebol na Inglaterra. Sua difusão, entretanto, restringiu-se a alguns poucos países, sobretudo caribenhos, e à região Noroeste do México. Tal fenômeno se explica e se delimita, em grande medida, pela área de efetiva influência norte-americana no final do século XIX. Mais informações podem ser obtidas em Zavala (2000).
[4] Para mais informações, ver Said (1995) e Hobsbawm e Ranger (1984).
[5] Hobsbawm, 1988:111.

compartilhando o espírito da modernidade. Todavia, de que modernidade estamos falando, se existem diversas formas de conceituá-la?

Concebemos um único grande projeto de modernidade, aquele que realiza, sobretudo na segunda metade do século XIX e a partir das nações européias mais avançadas, a culminância da transição do Antigo Regime para o capitalismo industrial, apoiado no Estado-nação, na conquista ampliada de mercados mundiais e na racionalidade científica, que tende a conectar e "homogeneizar" as diferentes culturas regionais rumo à sociedade global de base urbana.

Segundo Habermas (1984), o projeto de modernidade foi gestado pelos pensadores iluministas no século XVIII e previa o desenvolvimento de formas racionais de organização social, libertando o indivíduo dos mitos, da superstição e da opressão dos dogmas religiosos, permitindo-lhe o livre-pensamento.

Giddens (1991), por seu turno, salienta três características básicas da modernidade: o acelerado ritmo das mudanças, a natureza intrínseca das instituições modernas e a amplitude planetária das transformações, pela crescente interconexão de diferentes áreas do globo (aqui entram as novas condições — privilegiadas — da difusão de inovações).

Segundo Hobsbawm (1988), no final do século XIX, "o mundo estava dividido entre uma parte menor, onde o 'progresso' nascera, e outras, muito maiores, onde chegavam como conquistador estrangeiro, ajudado por minorias de colaboradores locais (...) grupos de paladinos dos novos hábitos". Jovens bacharéis praticantes de futebol podem ser enquadrados neste grupo. No caso de professores ingleses enviados para atuar em estabelecimentos educacionais laicos, destinados a servir às colônias britânicas, o futebol comparecia discretamente, junto a outras modalidades esportivas, no programa curricular de educação física.

Cabe lembrar o papel cumprido por agentes religiosos. Na era medieval, a cristandade não favoreceu as atividades atléticas, mas, no fim do século XIX, diversos segmentos da Igreja Católica já haviam incorporado em sua pedagogia a prática esportiva, tomando-a como instrumento de disciplina moral.[6] A ampla dispersão geográfica de missionários europeus nos demais continentes colaborou

---

[6] Os irmãos maristas concebiam a prática esportiva como veículo de canalização e sublimação de paixões consideradas impróprias ("perturbações interiores", sexuais, sobretudo), tornando o aprendiz dócil, obediente e calmo. Mais informações podem ser obtidas em Mascarenhas e Silva (2000).

na difusão do futebol, conforme atesta a literatura. Tais instituições, por desfrutarem de certo prestígio social, detêm peculiar capacidade de influenciar hábitos em comunidades locais.

Se o futebol é atualmente uma poderosa indústria mundial, há 100 anos era muito diferente. Passatempo raro de uns poucos aficionados, foi amiúde transmitido ao acaso, na dependência de outras redes, acionadas/alimentadas por interesses diversos e ligados à razão instrumental, todos alheios ao futebol em si: comércio internacional, capitais ingleses vinculados ao setor de mercado interno em expansão na periferia do capitalismo, missionários religiosos, bacharéis em retorno a seus países, educadores laicos etc.

Pode-se afirmar que, a princípio, nenhum desses agentes atravessou o Atlântico em função da missão difusora, pois não havia efetivamente qualquer programa de difusão do futebol. Guttmann (1994) registra que, antes da II Guerra Mundial, praticamente não existia motivação econômica na difusão de esportes, muito ao contrário do que se nota hoje.

Vale frisar que quando o futebol inicia sua grande onda de difusão mundial já se nota, em alguns países, um avançado processo de "esportização",[7] a ponto deste ter elevado uma outra modalidade esportiva à condição de "preferência nacional". Além do beisebol nos EUA (se estendendo pelo Caribe), podemos exemplificar com o críquete no subcontinente indiano, o *rugby* na África do Sul e a força de ambas as modalidades na Oceania. Tais esportes já se encontravam por demais consolidados naquele momento para serem substituídos pelo futebol na cultura popular e na formação da identidade nacional.

Nesse sentido, os norte-americanos exportaram maciçamente seu *way of life* através da publicidade e de novas formas de entretenimento (como a sua poderosa indústria cinematográfica), investindo, desta forma, na legitimação de seu papel de liderança e modelo universal. Os ingleses, por seu turno, não poderiam naquele contexto enxergar possibilidades de lucro com a difusão dos esportes, pois não havia propriamente a perspectiva de uma indústria cultural (muito menos a transmissão de jogos por TV, mercadoria altamente valorizada na atualidade) a esboçar uma gestão total do cotidiano. Trata-se, enfim, de distintas mo-

---

[7] Conceito utilizado por Norbert Elias para definir as mudanças sociais, nas quais as tradicionais atividades lúdicas (jogos) tornam-se (ou são substituídas por) "esportes modernos", isto é, dotadas de princípios de competitividade, medição precisa do tempo, organização burocrática etc. Mais informações em Elias e Dunning (1985).

dalidades de dominação imperial. Os ingleses também acumulavam capitais conquistando outros mercados, mas em setores de atividade próprios daquela etapa de evolução do capitalismo (implantação de ferrovias, serviços urbanos diversos, produtos de sua indústria etc.).

Atualmente, os esportes se tornaram um grande negócio, de forma que o processo de difusão do futebol adquiriu outra dimensão e novos agentes. A própria Fifa possui um milionário programa de divulgação do futebol na Venezuela,[8] com retorno financeiro garantido pela esperada explosão de novos consumidores deste "produto" cultural.

Com o mesmo objetivo, o basquetebol e o futebol americano vêm invadindo os ambicionados mercados europeu e japonês. Se observarmos, por exemplo, a introdução do futebol em países que o acolheram mais recentemente (como China e Japão), quando este já havia se tornado o esporte mais praticado mundialmente e com grandes possibilidades de lucro, certamente encontraremos um processo completamente distinto da espontaneidade que se verificava há um século: o futebol de nossos dias é meticulosamente planejado e fomentado por grandes empresas, com êxito, aliás, incontestável, e conta de forma decisiva com os modernos meios de comunicação: a transmissão televisiva e a internet.

Estamos, pois, diante de uma nova etapa de *mundialização* do futebol, intensamente transformado em espetáculo. Neste sentido, no próximo segmento, analisaremos brevemente os agentes, os condicionantes, as peculiaridades e os impactos do processo de adoção do futebol no Butão.

Galgando o Himalaia: Butão, budistas e futebol

Com um território de menor extensão que a do estado do Rio de Janeiro (e efetivo demográfico 20 vezes menor que o fluminense), o Butão é um discreto

---

[8] A exemplo de diversos países caribenhos e da América Central, na Venezuela a hegemonia norte-americana se refletiu no predomínio do beisebol, diferenciando-se, portanto, do padrão sul-americano, no qual o futebol é sem dúvida o esporte principal. Mesmo na vizinha Colômbia tal modalidade desfrutou de maior popularidade que o futebol até aproximadamente 1950. No caso venezuelano, a injeção de recursos da Fifa atualmente permite que o ingresso aos estádios de futebol tenha um custo simbólico, para atrair público, mas ainda assim encontra forte resistência diante da identidade nacional *beisebolera*. Mais informações em Santa Cruz (1998).

reino encravado no Himalaia, de economia fundamentalmente rural, extrativa e de subsistência. No início do século XX, foi um protetorado inglês, porém de escassas relações comerciais. O país, um dos mais pobres do mundo, manteve-se isolado antes de cautelosamente se abrir ao turismo internacional no início dos anos 1970. O budismo predomina entre seus pouco mais de meio milhão de habitantes, sendo expressivo o afluxo de budistas tibetanos, há décadas reprimidos pelo governo chinês. Sofre grande influência política, econômica e cultural da Índia. Tentaremos demonstrar como cada um desses fatores condicionou efetivamente a adoção do futebol naquela região e vem lhe imprimindo a peculiaridade apresentada no filme.

Vimos no segmento anterior o quanto o processo urbanização-industrialização favoreceu a difusão de inovações, entre elas a adoção de práticas esportivas. No ambiente fabril o futebol se encaixou plenamente, pela rede de cidades se alastrou e foi no denso interior do espaço urbano que encontrou solo fértil para se tornar um espetáculo de massas e erigir os grandes estádios. No Butão, onde menos de 10% da população é urbana e cuja capital (Timphu) tem apenas 50 mil habitantes, o futebol, por conseguinte, encontra terreno pouco propício à sua plena difusão.

Vimos também o quanto o ambiente de modernidade e cosmopolitismo favoreceu a adoção do futebol. Mas aqui o processo de modernização, que, segundo o rei butanês Wangchuck levaria o país "da Idade Média diretamente ao século XXI", é muito recente.[9]

Quando o país era protetorado inglês, suas relações econômicas não foram densas o suficiente para trazer inovações culturais significativas. O isolamento geral mantido até os anos 1960 propiciou uma formação econômico-social peculiar, como uma ilha de tradições milenares num mundo de rápidas e turbilhonares transformações. Mesmo a abertura ao turismo é restrita, em face do temor de que se repita a maciça invasão de turistas que ocorreu no vizinho Nepal, minando a fé budista.[10]

Na obsessão e dificuldade dos jovens pela obtenção de um aparelho de televisão, o filme realça o quanto ainda hoje é escasso o acesso aos meios de comunicação (na realidade, um dos mais baixos índices de acesso em todo o plane-

---

[9] *Guia do Terceiro Mundo*, 1988:192.
[10] Ibid., p. 193.

ta), de forma que os butaneses tiveram e ainda têm pouco contato com as inovações e os grandes fenômenos culturais que marcaram o século XX, como o futebol.

O budismo, por sua vez, distintamente de religiões como o catolicismo e o protestantismo, não estimula abertamente a prática esportiva. Vimos na seção anterior o papel relevante de missionários na difusão do futebol, desde o final do século XIX.[11] O filme expõe justamente a severa disciplina corporal no interior do mosteiro, o que inclui a repressão a atividades lúdicas como a prática coletiva do futebol e a expressão gráfica nas paredes.

Em 1947, quando se tornou independente, a Índia herdou a tutela do reino do Butão, que deixou de ser um protetorado para, embora como Estado independente, adquirir condição periférica e subalterna ao gigante vizinho hindu: alinhamento político absoluto e parceria comercial quase exclusiva em troca de preciosos investimentos. Neste sentido, em meio ao grande atraso material butanês, a Índia vem sendo o único grande agente de inovações, através de investimentos em rodovias, indústrias, represas, estabelecimentos educacionais etc., além de organizar a administração pública e fornecer quadros técnico-científicos.

Tal situação em parte não favorece a difusão do futebol no Butão, posto que os indianos, como vimos, têm clara preferência pelo críquete, seguido pelo hóquei. Por outro lado, é justamente na região de Bengala (mais próxima e intensamente ligada ao Butão) que o futebol melhor se desenvolveu na Índia, adquirindo ali crescente popularidade,[12] o que possivelmente explica os fatos que comentamos a seguir.

Interessante notar que, embora proponha um sistema fechado, de reclusão, o mosteiro budista necessita em seu cotidiano de abastecimento regular de provisões e, por essa necessidade material, surgem perigosos vasos comunicantes com o mundo exterior. Os meninos que se deslocam ao vilarejo mais próximo para realizar as compras exercitam sua imensa curiosidade pueril em descobertas fascinantes.

Por essa via descobrem o milionário futebol moderno, algo desconhecido para os monges mais velhos. E podemos inferir que a chegada do futebol ao

---

[11] A intensa adesão cristã aos exercícios físicos neste período é chamada por alguns de "cristandade muscular" (Guttmann, 1994:177).
[12] Murray, 1994.

Butão se insere no processo mais amplo de dominação hindu: segundo Murray (1994), o processo de descolonização da Índia gerou acentuado crescimento do futebol a partir da década de 1950. Podemos supor que a forte presença de agentes indianos na economia e na política, nas últimas quatro décadas, serviu de veículo de informação sobre o futebol.

O filme apresenta dois meninos budistas que, fugindo da repressão chinesa, acabam de chegar do Tibet (onde "já nem se pode mais pronunciar o nome do Dalai Lama"). Com seu governo no exílio desde 1959, os tibetanos migram, em grande número, em direção à Índia, ao Nepal e ao Butão, na busca da livre expressão religiosa.

Curiosamente, o menino protagonista do filme tinha como sonho o surgimento de uma seleção tibetana de futebol, o que informalmente ocorreu no ano seguinte (1999). Dois anos depois, com ousadia foi criada a associação nacional de futebol, e nesse mesmo ano a primeira exibição internacional da seleção do Tibet.[13] A China repudiou com veemência, alegando ser o Tibet parte da China e não uma nação, exigindo posicionamento da Fifa, que obviamente se curvou aos imperativos da geopolítica.[14] Mas o Tibet insiste: sabe que o futebol é um forte aliado em sua luta pela afirmação e reconhecimento de uma identidade nacional.[15]

Em síntese, ao Butão não foi oferecida a oportunidade de adotar plenamente o futebol. Imerso no isolamento, não contou com a presença dos tradicionais agentes de difusão, tampouco com uma atmosfera de modernidade ou um ambiente urbano cosmopolita. O próprio budismo, cultura dominante, aparentemente não facilitou o advento deste esporte.

Por tudo isso, o Butão obteve registro na Fifa somente em 2000, e desde então tem participado de poucos jogos internacionais. Alega-se que o país quase não tem terreno plano onde possam existir os campos de futebol, mas insistimos

---

[13] O jogo aconteceu no dia 30 de junho, na Dinamarca, a convite deste e de outros países simpatizantes da questão tibetana. A China protestou, afirmando se tratar não de um evento esportivo, mas sim político.
[14] Em dezembro de 2003, a Fifa chegou a listar em seu site oficial o Tibet como "país vizinho" da China. Sob pressão de Pequim, imediatamente mudou sua opinião e pediu publicamente desculpas ao governo e ao povo chinês.
[15] Sobre as relações entre futebol, geopolítica e identidade nacional, ver Boniface (1998).

que não é uma questão de determinismo ambiental, e sim da complexidade do processo histórico e social.

Contudo, pelas forças da globalização, o futebol vem-se afirmando no Butão, superando seu esporte mais tradicional, o arco-e-flecha (havia esquadrão de arqueiros nas Forças Armadas nacionais até a "modernização" imposta pela Índia). Mas vale refletir sobre a natureza desta difusão, deste futebol e desta globalização.

Para concluir: pensando a globalização e a nova cultura do futebol

Eduardo Galeano (1995), em obra primorosa, ousou resumir a história do futebol como "uma triste viagem do prazer ao dever". Vimos aqui que outrora o futebol se difundia pelo simples prazer do jogo, e não por interesses políticos ou comerciais: chegava espontaneamente, no coração e no corpo em festa de trabalhadores nos portos, nas minas e fábricas, e vinha encher as ruas e baldios, preencher mais uma lacuna no cotidiano daqueles excluídos do projeto da modernidade capitalista. E assim penetrava "com bola e tudo" na textura fina das sociabilidades, ajudando a formar e preservar a vida comunitária, vida de bairro, hoje diluída pela fragmentação do urbano e das relações sociais.

Que outro futebol é esse a penetrar os rincões e lares do Himalaia? O monge no filme diz que são "os novos tempos", aos quais forçosamente devemos nos adaptar. São sobretudo imagens exteriores, de nações ricas e poderosas, de heróis milionários (os novos "deuses" adorados) que jamais serão vistos ao vivo, muito menos tocados. Não se forja a associatividade orgânica, nem o sentido visceral do pertencimento clubístico, aquele que depende da emoção e da expressão coletiva nos estádios, uma forma peculiar de participação política, pois ali o povo exerce pressão sobre técnicos e dirigentes.[16]

Não há no Butão qualquer edificação ou lugar que, quer pela sua arquitetura, quer pela sua atmosfera social, mereça a designação de estádio, tal qual o conhecemos. O futebol é substancialmente consumido nas telas da TV, condição que limita não apenas a vivência do jogo, mas a própria vivência de si mesmo, a construção da identidade social. Vínculo esporádico, sem participação, e através

---

[16] Ver Gaffney e Mascarenhas (2005/06).

do qual os butaneses acabam por reproduzir e quiçá acentuar seu sentimento de inferioridade, ou mesmo de insignificância, diante das grandes potências mundiais.

Poderíamos incluir os jovens butaneses entre os "pós-torcedores" de Giulianotti (2002), ou seja, meros consumidores passivos? É de simulacros que estamos tratando. A sociedade do espetáculo galgando as íngremes vertentes da maior cordilheira do planeta. Claro que não apostamos no desgastado discurso do purismo nativista, numa versão tibetana do "bom selvagem". O "mal" não está chegando agora: aquela gente carrega na alma e nas estruturas cotidianas ciclos milenares de dominação. E Gramsci há muito nos alertou para a complexidade do processo de hegemonia cultural, que implica interação constante, e não vítimas passivas da dominação imperialista.

Nesta linha, Milton Santos (1996) insiste no papel ativo do lugar diante das forças da globalização, reagindo aos imperativos da padronização, temperando a seu modo as inovações que chegam. Portanto, o futebol, a Coca-Cola e outros produtos da globalização não propriamente destruirão uma "saudável cultura milenar local nativa", que deveríamos preservar a todo custo, com seu feudalismo e outros aspectos. Por outro lado, não concordamos com o otimismo do discurso dominante, da grande mídia e dos poderosos agentes econômicos, que saúdam o futebol como alegre linguagem universal, a aproximar os povos.

Não temos, enfim, essa certeza tranqüilizadora. Talvez no futuro sintamos saudade ou inveja do velhinho que um dia perguntou se há sexo nessa coisa chamada futebol...

Referências bibliográficas

BONIFACE, Pascal. *Géopolitique du football*. Paris: Editions Complexe, 1998.

ELIAS, Norbert; DUNNING, Eric. *Quest of excitement*: sport and leisure in civilizing process. Oxford: Blackwell, 1985.

GAFFNEY, C.; MASCARENHAS, G. The soccer stadium as a disciplinary space. *Esporte e Sociedade — Revista Digital*, Rio de Janeiro, ano 1, n. 1, nov. 2005/fev. 2006. Disponível em: <http://www.lazer.eefd.ufrj.br/espsoc/html/es104.html>. Acesso em: mar. 2006.

GALEANO, Eduardo. *Futebol ao sol e à sombra*. Porto Alegre: L & PM, 1995.

GIDDENS, Anthony. *As conseqüências da modernidade*. São Paulo: Unesp, 1991.

GIULIANOTTI, Richard. *Sociologia do futebol*: dimensões históricas e socioculturais do esporte das multidões. São Paulo: Nova Alexandria, 2002.

GUIA do Terceiro Mundo. Rio de Janeiro: Terceiro Mundo, 1988.

GUTTMANN, Allen. *Games and empires*: modern sports and cultural imperialism. New York: Columbia University Press, 1994.

HABERMAS, Jürgen. *Mudança estrutural da esfera pública*: investigações quanto a uma categoria da sociedade burguesa. Rio de Janeiro: Tempo Brasileiro, 1984.

HOBSBAWM, Eric. *A era dos impérios:* 1875-1914. São Paulo: Paz e Terra, 1988.

_____; RANGER, Terence (Orgs.). *A invenção das tradições*. Rio de Janeiro: Paz e Terra, 1984.

MASCARENHAS, G.; SILVA, L. Fé e futebol: indícios da contribuição marista na formação da "pátria de chuteiras". In: CONGRESSO BRASILEIRO DE HISTÓRIA DA EDUCAÇÃO FÍSICA, ESPORTE, LAZER E DANÇA, 7. *Anais...* Porto Alegre: UFRGS, 2000.

MURRAY, Bill. *Football*: a history of the world game. Aldershot Hants: Scholar Press, 1994.

SAID, Edward. *Cultura e imperialismo*. São Paulo: Cia. das Letras, 1995.

SANTA CRUZ, Eduardo. Hacia donde va nuestro fútbol? *Revista Nueva Sociedad*, n. 154, mar./abr. 1998.

SANTOS, Milton. *A natureza do espaço*: técnica e tempo, razão e emoção. São Paulo: Hucitec, 1996.

ZAVALA, Hector. El fútbol mexicano al final de una época. *Lecturas, Educación Física y Deporte*, Buenos Aires, año 5, n. 23, julio 2000.

3

Um dom extraordinário ou "cozinhar é fácil, mas quem sabe driblar como Beckham?": comentários a partir do filme *Driblando o destino*

*Simoni Lahud Guedes**

 Driblando o destino — Ficha técnica

Diretor: Gurinder Chadha
País/ano: Inglaterra/2002
Sinopse: O sonho de Jesminder Bhamra é seguir o caminho de seu ídolo, David Beckham, e se tornar uma jogadora profissional de futebol. Entretanto, a jovem enfrenta problemas em sua família, que deseja que ela siga os costumes indianos tradicionais, tal qual sua irmã mais velha, Pinky. O confronto entre as partes chega ao ápice quando Jesminder é obrigada a escolher entre a tradição de seu povo e seu grande sonho.

Introdução

Embora não seja um filme surpreendente, desenvolvendo seu argumento de maneira mais ou menos previsível e desfazendo, às vezes magicamente, os conflitos que tematiza, *Driblando o destino* (*Bend it like Beckham*, 2002), de Gurinder Chadha, entrelaça algumas das principais questões do mundo moderno. Reafirmações identitárias, conflitos e preconceitos étnicos, diferenças gera-

---

* Professora da Universidade Federal Fluminense (UFF).

cionais, concepções diferenciais de gênero e sexualidade — temas com uma longa e complexa história na antropologia social — desfilam nos eventos narrados, encontrando, mais uma vez, no futebol um veículo privilegiado.

O desenrolar da trama evidencia a posição "moderna" da diretora/autora,[1] que se expressa em muitos momentos, mas sempre buscando não aniquilar nem desvalorizar outras posições, digamos, mais "tradicionais" em relação tanto à família indiana em foco quanto à família inglesa. Em poucas palavras, para começo de conversa: o filme aborda as vicissitudes de uma jovem com habilidade incomum para o futebol, tendo em Beckham seu herói, mas pertence a uma família indiana, que vive em Londres e não considera honrosa para sua filha a profissionalização esportiva. O contraponto e, ao mesmo tempo, espelho desta família é uma família inglesa de outra jovem, também habilidosa para o futebol.

Evidentemente, não temos a intenção de esgotar todos os temas sugeridos pelo filme, que, além do mais, permite várias leituras. Pretendemos apenas destacar duas questões entrelaçadas que, do nosso ponto de vista, são proeminentes na narrativa. A primeira constrói-se em torno dos processos cotidianos e rituais de reafirmação de identidades étnicas em grandes metrópoles caracterizadas principalmente pela diversidade cultural e pela heterogeneidade social, criando situações complexas, cada vez mais freqüentes, derivadas da coexistência de grupos e segmentos com formas de agir, pensar e sentir bastante distintas.

Há também uma segunda questão, tematizada com igual ou maior força no filme, relativa às concepções de gênero, envolvendo e encobrindo aspectos referidos ao tema da sexualidade. Entretanto, é no entrelaçamento destas duas questões — a étnica e a de gênero/sexualidade — que a narrativa revela seu argumento ou, talvez pudéssemos dizer, sua tese. Pois, se a diferença é acentuada quando explora a especificidade indiana numa grande cidade inglesa, não há como não perceber a similaridade nas duas famílias tanto em relação a alguns padrões que poderiam ser interpretados como de classe social quanto no que diz respeito às concepções sobre a sexualidade.

---

[1] O filme certamente poderia suscitar uma discussão acerca de sua possível classificação como "feminista". Não cremos, entretanto, que isto seja rentável, até porque seria necessário situá-lo nas diferentes perspectivas feministas, sem grande proveito para sua compreensão. Melhor, a nosso ver, como explicitaremos adiante, é discutir as idéias que expõe sobre gênero e sexualidade.

A fala da personagem central do filme — Jesminder para seus pais, ou simplesmente Jess para seus amigos ingleses —, que utilizamos no título, sintetiza de modo admirável este entrelaçamento das duas questões. Sua mãe, uma perfeita incorporação da mulher indiana "tradicional", insiste que ela precisa aprender a cozinhar (evidentemente a culinária indiana) para se tornar, como diz seu pai, uma "mulher decente", mas ela está absolutamente consciente da raridade do dom[2] que recebeu, o que a torna não uma mulher especial, mas uma pessoa especial. Sem desprezar os valores paternos, mas partilhando também outros valores, expressa seu leve inconformismo na frase central do filme: "Cozinhar é fácil, mas quem sabe driblar como Beckham?"

Embora cozinhar não seja assim tão fácil, exigindo, em alguns casos, não apenas sabedoria e experiência, mas aquele toque a mais que poderia também ser chamado dom, o que se enfatiza na frase são as alternativas que se apresentam para a jovem. De fato, há outra frase, dita por sua mãe em outro momento, que é o espelho perfeito desta: "Que família vai querer uma nora que sabe jogar futebol e não sabe fazer um pão?"

Ressalte-se, entretanto, que sua família, de uma forma cada vez mais difundida na atualidade, não transforma as mulheres em simples objetos de cama e mesa. Na verdade, realiza uma complexa alquimia entre um específico modelo feminino centrado na família e na casa e um modelo que sustenta padrões igualitários de gênero. A expectativa familiar é de que Jesminder incorpore o padrão cultural feminino indiano, mas também que, como uma boa jovem de classe média, estude para ser uma advogada competente, construindo-se, portanto, ao mesmo tempo como uma mulher independente intelectual e financeiramente.

Assim, é possível percorrer as tramas de gênero e identidade étnica através deste filme, compreendendo-o como uma narrativa verossímil[3] sobre a sociedade moderna.

---

[2] A noção de "dom", como categoria nativa, na antropologia dos esportes envolve dimensões bastante complexas, designando habilidades e capacidades em princípio não construídas pela aprendizagem ou pela experiência. Seriam "inatas" ou "naturais". Evidentemente, muito do que se designa como "dom" recobre capacidades que resultam de pedagogias inconscientes e naturalizadas. Mas não é necessário entrar nesta discussão aqui. Para uma excelente análise da questão, ver Damo (2005).
[3] "Para que um circuito discursivo qualquer se complete, é preciso que haja algum tipo de adequação entre suas significações e o sistema de representações dos receptores. Em outros termos, é necessário que o discurso produza alguma ressonância junto àqueles aos quais se dirige, caso contrário nada significará, ou melhor, poderá ter sentido, mas não 'fará sentido' — será inverossímil — para os receptores" (Magnani, 1984:54).

Abrindo caminho em um mundo de diversidade

O acelerado crescimento qualitativo e quantitativo dos meios de comunicação de massa no século XX[4] e o também rápido crescimento e barateamento dos meios de transporte foram formas pelas quais se intensificaram os movimentos populacionais, existentes desde que o mundo é mundo humano.

O triunfo do capitalismo monopolista nas últimas décadas do século passado, com a retirada de cena do carro-chefe do Segundo Mundo, a URSS, e o novo modelo de "capitalismo socialista" da gigante oriental, a China, poderiam levar os mais apressados a concluir que estaríamos diante de um novo modo de vida, mais consensual, mais homogêneo, uma versão do *American way of life*. Entretanto, por mais que valores e idéias provenientes da tradição ocidental cristã tenham sido divulgados, expandidos e impostos a todos os quadrantes do mundo, por meio da circulação ímpar de capitais financeiros, pessoas e produtos da indústria cultural, a diferença e a diversidade resistem e se reconstroem continuamente.

Esse movimento duplo, aliás, não é novo na história da humanidade. Trata-se, de fato, dos processos através dos quais as sociedades e culturas vão se reinventando, desfazendo e refazendo fronteiras, numa dialética complexa entre unificação e diversificação: "A humanidade está constantemente às voltas com dois processos contraditórios, um dos quais tende a instaurar a unificação; enquanto o outro visa a manter ou restabelecer a diversificação".[5]

Como sabemos cada vez com mais clareza, a pretensa vitória do modelo econômico capitalista e o aumento das comunicações e dos movimentos populacionais geraram, ao contrário, uma revivescência das diferenças e, mais do que isso, dos conflitos raciais, étnicos e sociais, potencializados pelo maior contato físico entre pessoas ou grupos sociais que não partilham as mesmas idéias e valores ou, às vezes, apenas não têm a mesma cor da pele.[6] A intensificação dos

---

[4] É preciso acentuar que este crescimento não representou necessariamente aumento da informação disponível, na medida em que grandes conglomerados transnacionais controlam o que consideram importante ser divulgado, não existindo muita variação entre os noticiários, inclusive com relação às imagens. Para mais informações ver, Bourdieu (1997) e Thompson (2000, 2002).
[5] Lévi-Strauss, 1970:268.
[6] Para abordagens teóricas sobre este tema, ver Lévi-Strauss (1970), Augé (1997) e Hall (1999).

preconceitos e conflitos resultantes dos contatos mais diretos produz, simultaneamente, a intensificação da utilização dos signos identitários. Poderíamos dizer que, em Londres, uma família de origem indiana é mais indiana que na Índia.

Do mesmo modo, como nos ensinam, por exemplo, os estudiosos dos grupos indígenas brasileiros, é mais fácil respeitar o "índio de papel", que conhecemos através de livros, revistas e na televisão, e que supomos na selva, longe de nós — digamos, o "outro" no modelo *National Geographic* —, do que aquele com o qual convivemos na vizinhança e que, principalmente, disputa os postos de trabalho com os "nativos". O futebol, aliás, é um excelente exemplo moderno deste processo, pois, por ser uma das práticas atuais mais reconhecíveis em qualquer canto do mundo,[7] sendo absolutamente transnacionalizado, apresenta-se, também, por um lado, como meio de reconstrução das diferenças simbólicas (por exemplo, através da noção de "estilo nacional" ou "regional", entre outras formas) e, por outro, como espaço de eclosão de conflitos raciais ou étnicos que, no Ocidente, muitos consideravam ultrapassados.[8]

Esta é uma das chaves óbvias do filme. Trata-se principalmente de um discurso sobre a coexistência de idéias e valores distintos em um mesmo contexto social e sobre os obstáculos que as minorias, nestes contextos, devem enfrentar.

A personagem central, Jess, tem duplicadas suas dificuldades, pois não apenas é uma mulher que deseja profissionalizar-se no futebol, mas é, também, uma mulher de origem não-inglesa, na Inglaterra. Só é possível compreender a segunda destas dificuldades, em sua magnitude, no episódio em que o pai de Jess, solicitado pelo técnico para dar sua permissão para que ela jogue no time, conta, de forma comovente, as razões principais de sua recusa.[9] Relata que, recém-chegado de Nairóbi, onde era muito bom jogador de críquete, tentou se integrar aos times ingleses, sem sucesso. Foi rejeitado por seu turbante — fundamental signo identitário masculino —, por seus modos, por sua cultura, por sua diferença, enfim. E pergunta: "Nossos garotos não estão nas ligas de futebol. Vão aceitar as

---

[7] Não é à toa que a Fifa se autodenomina a "ONU dos esportes", registrando 207 associações filiadas no início de 2006 (cf. o site da Fifa, <www.fifa.com>, acessado em 6 jan. 2006).
[8] Evidentemente, não é necessário recuperar aqui os inúmeros episódios de preconceito social, racial ou étnico que ocorrem na atualidade, particularmente com jogadores de países pobres que se tornam multimilionários em clubes europeus. Mas é preciso tê-los em mente.
[9] Razões, aliás, diversas das de sua mãe, mais situadas na chave de gênero.

meninas?"[10] Sua recusa é, primordialmente, uma forma de proteger a filha de decepções, como explicita, sugerindo que ela deve ficar quieta no seu lugar, sem incomodar mais os ingleses, evitando, obviamente, colocar-se em situação de sofrer mais diretamente o preconceito étnico. Jess, ao contrário do pai, alegando que "os tempos são outros", propõe-se a enfrentar os potenciais conflitos.

Mas a força do discurso étnico, neste filme, vai muito mais longe. Para compreender em maior extensão seu significado é preciso recuperar aqui uma das questões fundamentais do trabalho do antropólogo francês Louis Dumont (1985 e 1992). Comparando a ideologia[11] indiana e a ocidental, Dumont elabora a noção de ideologia hierárquica, da qual a indiana seria uma das versões, definindo-a como uma configuração específica de idéias-valores que valoriza primordialmente o ser em suas relações com o grupo no qual se insere. É uma ideologia que classifica como "holista", ou seja, que "valoriza a totalidade social e negligencia ou subordina o indivíduo humano".[12]

Neste caso, em oposição às ideologias individualistas, as pessoas se definem por seus pertencimentos a todos sociais (famílias, castas, grupos, clãs, linhagens etc.). De tal ponto de vista, as ações de uma única pessoa podem afetar a honra familiar, atingindo o grupo como um todo. Honra, na definição clássica de Pitt-Rivers (1988:13) "é o valor que uma pessoa tem a seus próprios olhos mas também aos olhos da sociedade". Liga-se, diretamente, à reputação, à forma como o comportamento de uma pessoa é avaliado e percebido em termos dos padrões compartilhados. Em muitos casos, em culturas ou ideologias holistas, como a indiana, não se trata de honra individual, mas familiar.[13] Em determinado momento do filme, inclusive, a mãe de Jess contrapõe aos seus argumentos sobre honrarias que podem ser obtidas através do futebol a seguinte pergunta: "Que honra é maior do que respeitar seus pais?"

---

[10] A fala deste personagem, de fato, sintetiza as duas transgressões: a étnica e a de gênero. O desdobramento do diálogo traz, inclusive, outra chave, bem interessante. Quando Jess objeta que há um indiano como capitão do time de críquete inglês, a mãe replica imediatamente: "Ah, mas ele é muçulmano, isto é outra coisa". Em alguns episódios do filme, o preconceito da família *sikh* em relação aos muçulmanos é bastante evidenciado.
[11] Ideologia, para Dumont, tem quase o mesmo sentido de cultura: são as idéias-valores ou valores-idéias que orientam o modo de pensar, agir e sentir de um grupo social ou sociedade.
[12] Dumont, 1985:279.
[13] Para o caso brasileiro, ver Machado (1986).

Em termos desta chave analítica, o casamento da irmã de Jess é essencial para o argumento do filme, sendo focalizado desde os primeiros minutos. Fornece as mais belas e plásticas imagens para o filme e registra fortes signos identitários nas complexas e longas cerimônias, mas, principalmente, serve para reafirmar tanto a incorporação de valores ocidentais ao padrão familiar quanto a imensa força cultural da honra familiar.

Duas situações foram utilizadas pela diretora para expor seu argumento. Na primeira, muito significativa, Jess está no vestiário do clube, conversando amistosa e jocosamente com suas companheiras de time que perguntam se, à moda antiga, ela já estaria "prometida" para algum noivo desconhecido. Ela não só nega como afirma que sua irmã vai se casar "por amor", expressando a adequação de sua família aos padrões de relacionamento hegemônicos na sociedade inglesa moderna. E continua, explicitando que sua família respeita o princípio de escolha baseado no afeto, característico das ideologias individualistas modernas, mas não admite de modo algum que elas escolham rapazes ingleses brancos, negros ou muçulmanos. Trata-se, portanto, da incorporação limitada de um princípio de organização social que, se não reproduz padrões hierárquicos mais rígidos, também não os incorpora indiscriminadamente.

Mas o episódio mais significativo envolve a forma como a reputação de Jess pode afetar, sem qualquer mediação ou contemporização, a reputação de sua família. Ter sido vista na rua pelos pais do noivo[14] de sua irmã em um abraço caloroso e amigável com sua amiga Jules, uma moça inglesa de cabelos curtos, que interpretam como um rapaz inglês, cobre toda a família de vergonha e provoca o rompimento imediato do noivado da irmã. Note-se que, no episódio, há um absoluto acordo entre os pais da noiva e do noivo: namorar na rua um rapaz inglês é razão e causa suficiente para afetar a reputação de toda uma família, manchando a honra familiar e justificando publicamente o corte de relações sociais, sem levar em conta, em qualquer momento, o amor que une os dois jovens. Busca-se demonstrar, assim, que no confronto entre valores prevalecem os padrões de honra indianos. Nada mais holista do que isto. Este é, sem dúvida, o maior signo identitário narrado no filme.

---

[14] Pois, como diria Pitt-Rivers (1988:18), "a honra, todavia, só se compromete irrevogavelmente na presença de testemunhas que representam a opinião pública".

A construção da problemática identitária, constituindo a família de Jess parte de uma minoria étnica, visa delinear os enfrentamentos exigidos pelo projeto tão incomum da jovem. Ela deve invadir territórios que os nativos reservaram para si, como a experiência de seu pai exemplifica, e enfrentar a distância entre seu comportamento e aquele exigido das moças de seu grupo social.

Mas o desenrolar desse episódio, quando Jess esclarece que não era um rapaz inglês, mas sim uma moça, sua companheira no time, será tratado adiante, pois nos conduz à outra questão entrelaçada ao problema étnico no filme: a de gênero/sexualidade.

Abrindo caminho em um mundo masculino

Os esportes, como sabemos bem, têm sido um território masculino que, com inúmeros percalços, ao longo do século XX, foi paulatinamente palmilhado pelas mulheres.[15] Cada um dos esportes, contudo, em função de suas características de uso social do corpo[16] e, principalmente, das formas pelas quais é apropriado, incorporando-se aos valores dominantes, registra uma história própria sob tal perspectiva.

No caso do futebol, cuja institucionalização é bastante conhecida, até as últimas décadas do século XX houve, de modo muito geral, uma resistência bem acentuada à sua prática por mulheres nas diversas partes do mundo, aspecto especialmente notável se comparado, por exemplo, a outros esportes coletivos bem difundidos, como o vôlei e o basquete.[17]

É claro que não cabe aqui acentuar os detalhes desse processo, mas é importante, para examinar o argumento do filme, observar que, apesar de sua normalização e crescimento mundial a partir da década de 1980, com o aval da Fifa, o

---

[15] Ver, por exemplo, Guido e Haver (2003).
[16] De acordo com Marcel Mauss (1968:365), em trabalho absolutamente clássico e referencial, técnicas corporais são "as formas através das quais os homens, sociedade por sociedade, de um modo tradicional, sabem se servir de seus corpos".
[17] Dados recentes da Fifa são bem interessantes para notar o crescimento bastante recente do futebol feminino. Enquanto os times de futebol feminino registrados cresceram de 40, em 1994, para 81, em 2004, portanto, 100% em 10 anos, houve também um intenso crescimento do número de jogos oficiais, com seu ápice na década de 1990 (1.581 jogos), constituindo uma curva em franca ascendência (cf. <www.fifa.com>, acessado em 10 jan. 2006).

futebol feminino tem um desenvolvimento muito diferente nos vários espaços sociais. Sua introdução e/ou crescimento depende, inexoravelmente, das concepções dominantes sobre o que é um homem e o que é uma mulher e, ainda, sobre as relações entre homens e mulheres, ou seja, depende das concepções de gênero, aqui compreendidas como as maneiras pelas quais as diferenças e similaridades biológicas entre homens e mulheres são tecidas culturalmente, propondo modelos femininos e masculinos complementares, em inúmeras versões, ou modelos igualitários de pessoa ou, ainda, formas específicas de articular concepções complementares e igualitárias.[18]

De tal ponto de vista, é admirável que, no contexto inglês moderno como retratado no filme, a prática do futebol feminino reflita, com uma certa clareza, diversas tensões encontráveis em muitos espaços sociais. A protagonista joga futebol no parque, com seus amigos, sem grandes problemas, respeitada em sua habilidade excepcional, mas ouvindo, vez por outra, um dito jocoso e amistoso que recupera sua condição feminina.

Deve suportar, por exemplo, comentários sobre como as mulheres "matam no peito", acentuando, neste caso, um dos sinais diacríticos corporais que distinguem homens e mulheres. Há um time de futebol feminino, sustentado por um clube profissional, ao qual se integra. Os treinamentos, técnicos e táticos, são sérios e bem orientados. Enfim, há, claramente, um espaço normalizado para esta prática, mas — tem que haver um "mas", senão, não há filme — não é absolutamente consensual a pertinência de sua prática por mulheres. E aqui encontram-se as famílias indiana e inglesa convencionais, pois, no momento em que se defende da acusação de estar abraçando um rapaz inglês na rua, afirmando que era, de fato, uma mulher, Jess provoca uma hecatombe familiar. Torna-se suspeita de homossexualidade, considerada desvio ainda mais grave, dúvida que já atormentava os pais de Jules, sua amiga.

O episódio, apresentado em vários lances cômicos, expõe, de fato, um dos impasses mais dramáticos da prática do futebol feminino. Quando é concebido tão claramente como "jogo pra homem" — aliás, situação brasileira por excelên-

---

[18] Há uma muito ampla bibliografia na antropologia sobre o tema, mas um trabalho clássico, a partir desta perspectiva, é Mead (1969).

cia —, expõe também com clareza os sistemas de gênero e sexualidade[19] dominantes. Se a ideologia individualista e igualitária aparece em diversos momentos do filme, na avaliação da sexualidade, padrões de gênero diferenciais e complementares entre homens e mulheres constituem as referências.

Assim como outras atividades, a prática do futebol, neste contexto histórico e cultural, está registrada como prática masculina. A prática do futebol por mulheres torna-se agramatical, incompreensível em termos normalizados, conduzindo rapidamente à acusação de desvio na sexualidade. A acusação de lesbianismo sofrida por Jess e Jules é, apenas, de tal ponto de vista, a aplicação individual de uma representação social mais difundida de que mulheres que praticam futebol não são, propriamente, mulheres. Devem ter alguma coisa errada.

Não é irreal que, no projeto profissionalizante das duas moças, o destino sejam times profissionais universitários norte-americanos. Os Estados Unidos transformaram-se na Meca ocidental do futebol feminino[20] muito possivelmente porque fizeram uma apropriação culturalmente diferente do futebol. Embora não conheçamos trabalhos acadêmicos sérios sobre o futebol feminino norte-americano,[21] temos certeza de que não é possível analisar sua apropriação nos Estados Unidos sem considerar que, nesse país, o futebol masculino, ao contrário de outros países, foi muito tardiamente expandido.

Também acreditamos que apenas uma análise do campo esportivo[22] norte-americano como um todo poderá levar à compreensão de seu significado, pois,

---

[19] Sexualidade não deve ser compreendida como atividade sexual, mas como a "construção histórica, na modernidade, de uma dimensão interna aos sujeitos, profundamente imbricada num modelo particular de construção da pessoa, no qual interiorização e individualização são traços modeladores da subjetividade. Mais do que uma entidade universal, a sexualidade é uma unidade ficcional, dependente de um determinado contexto cultural e historicamente instituída como um domínio portador de si mesmo" (Heilborn, 1999:40).

[20] Na consulta ao site da Fifa em 10 de janeiro de 2006 havia outro dado interessante: entre os 16 jogos de futebol feminino listados com mais de 40 mil espectadores, 11 haviam ocorrido nos Estados Unidos. O mais concorrido de todos, evidentemente, foi a final mundial (1999) com 90.185 espectadores.

[21] O que, absolutamente, não quer dizer que não existam. Registramos, apenas, nossa ignorância.

[22] E ainda: "O campo das práticas esportivas é o lugar de lutas que, entre outras coisas, disputam o monopólio de imposição da definição legítima da prática esportiva e da função legítima da atividade esportiva, amadorismo contra profissionalismo, esporte-prática contra esporte-espetáculo, esporte distintivo — de elite — e esporte popular — de massa etc.; e este campo está ele também inserido no campo de lutas pela definição do corpo legítimo e do uso legítimo do corpo" (Bourdieu, 1983:142).

como afirma com toda razão Bourdieu (1990:208), "não se pode analisar um esporte particular independentemente do conjunto das práticas esportivas". E lá, como se sabe, *soccer* opõe-se a *football*, o primeiro considerado prática não necessariamente feminina, mas extremamente adequada às mulheres, pois, na comparação com o segundo, é pensado como "pouco violento". Trata-se, sem dúvida, de um importante exemplo das formas muito específicas de apropriação das práticas esportivas.

Já no contexto moderno inglês, a acusação de lesbianismo expressa a presença da homofobia em sociedade considerada moderna, inclusive com relação ao gerenciamento individual da sexualidade. Trata-se, como afirma a autora do filme, de um dado das representações coletivas que, apesar de inúmeras mudanças recentes e de enfrentar representações muito distintas, encontra espaço para sustentar-se e isso, afirma, igualmente nas duas famílias em foco, a indiana e a inglesa.

Há, ainda, outras duas cenas, ligadas ao tema, sobre as quais gostaríamos de chamar a atenção. Elas ocorrem quando a mãe de Jules está extremamente aliviada porque percebe seu equívoco, descobrindo, aliás, que não apenas sua filha e Jess não são amantes como estão, as duas ao mesmo tempo, apaixonadas pelo treinador (motivo do conflito entre as amigas). A primeira cena, entre mãe e filha, ocorre no momento de uma dupla descoberta: a mãe descobre que a filha não é lésbica na mesma hora em que a filha descobre a suspeita materna. A moça, brandindo valores mais modernos, nega sua própria homossexualidade, mas sustenta o princípio da liberdade de opção e escolha sexual. Sua mãe, então, como a maioria dos pais, embriagada de felicidade, concorda que homossexualidade é uma "coisa natural". Evidentemente, para a filha dos outros.

A segunda cena é ainda mais interessante. Dando os anéis para não perder os dedos, a mãe de Jules resolve apoiar seu projeto de profissionalização no futebol, pois é melhor uma filha jogadora de futebol do que uma filha jogadora de futebol e lésbica. Para expressar sua adesão ao projeto, propõe-se a aprender sobre o futebol. E aí temos o que é um dos episódios mais engraçados do filme e o que melhor demonstra o ponto nodal: o que distingue os que "entendem" dos que não "entendem" de futebol. Na cena, também absolutamente verossímil, o pai de Jules utiliza os apetrechos da mesa para ensinar à esposa a regra do impedimento. Exibe, assim, o saber julgado como distintivo no futebol, um saber masculino por excelência, tal como ocorre também no Brasil.

Happy end...

Discursos sobre diferentes aspectos da vida social — acadêmicos, artísticos ou "comerciais" — são, sempre, interpretações que funcionam, como diria Geertz (1978:107) como "modelos de" e "modelos para". De um lado, alimentam-se do que se disponibiliza à sua observação e/ou à sua sensibilidade, dialogando com os fenômenos sociais. De outro, produzem ficções que podem, por sua simples existência, produzir novos fatos sociais. Produzem utopias — tão necessárias à existência — que, no filme, se configuram, por exemplo, no *happy end* étnico e afetivo, imaginando um mundo de diversidade em que todos interagem e se respeitam. De tal ponto de vista, *Bend it like Beckham* é o produto da interpretação que Gurinder Chadha faz de espaços interculturais nas grandes metrópoles e dos espaços femininos nas sociedades modernas e é, simultaneamente, sua utopia de sociedade. Ao mesmo tempo, sua narrativa, por ficcional que seja, é verossímil e, desta forma, formata sonhos, permitindo que outras Jess e Jules, em outras paragens, realizem movimentos que, até bem pouco tempo atrás, seriam impensáveis.

Referências bibliográficas

AUGÉ, Marc. *Por uma antropologia dos mundos contemporâneos*. Rio de Janeiro: Bertrand Brasil, 1997.

BOURDIEU, Pierre. *Sobre a televisão*. Rio de Janeiro: Jorge Zahar, 1997.

_____. Como é possível ser esportivo? In: _____. *Questões de sociologia*. Rio de Janeiro: Marco Zero, 1983.

_____. Programa para uma sociologia do esporte. In: _____. *Coisas ditas*. São Paulo: Brasiliense, 1990.

DAMO, Arlei. *Do dom à profissão*: uma etnografia do futebol de espetáculo a partir da formação de jogadores no Brasil e na França. Tese (Doutorado em Antropologia) — UFRGS, 2005.

DUMONT, Louis. *O individualismo*: uma perspectiva antropológica da ideologia moderna. Rio de Janeiro: Rocco, 1985.

_____. *Homo hierarchicus*: o sistema de castas e suas implicações. São Paulo: Edusp, 1992.

GEERTZ, Clifford. *A interpretação das culturas*. Rio de Janeiro: Zahar, 1978.

GUIDO, Laurent; HAVER, Gianni. *Images de la femme sportive aux XIXe. et XX e. siècles*. Paris: Georg Editor, 2003.

HALL, Stuart. *A identidade cultural na pós-modernidade*. Rio de Janeiro: DP&A, 1999.

HEILBORN, Maria Luiza. Construção de si, gênero e sexualidade. In: _____(Org.). *Sexualidade*: o olhar das ciências sociais. Rio de Janeiro: Jorge Zahar, 1999.

LÉVI-STRAUSS, Claude. Raça e história. In: UNESCO (Org.). *Raça e ciência*. São Paulo: Perspectiva, 1970. v. 1.

MACHADO, Lia. Família, honra e individualismo. *Anuário Antropológico*, Rio de Janeiro, v. 5, 1986.

MAGNANI, José Guilherme. *Festa no pedaço*: cultura popular e lazer na cidade. São Paulo: Brasiliense, 1984.

MAUSS, Marcel. Les techniques du corps. In: _____. *Sociologie et anthropologie*. Paris: PUF, 1968.

MEAD, Margaret. *Sexo e temperamento*. São Paulo: Perspectiva, 1969.

PITT-RIVERS, Julian. Honra e posição social. In: PERISTIANY, J. (Org.). *Honra e vergonha*: valores das sociedades mediterrâneas. Lisboa: Fundação Calouste Gulbenkian, 1988.

THOMPSON, John B. *Ideologia e cultura moderna*: teoria social crítica na era dos meios de comunicação de massa. Petrópolis: Vozes, 2000.

_____. *A mídia e a modernidade*: uma teoria social da mídia. Petrópolis: Vozes, 2002.

4

Diálogos identitários — etnia, gênero, sexualidade e futebol: comentários a partir do filme *Driblando o destino*

*Antônio Jorge Soares**

 Driblando o destino — Ficha técnica

Diretor: Gurinder Chadha
País/ano: Inglaterra/2002
Sinopse: O sonho de Jesminder Bhamra é seguir o caminho de seu ídolo, David Beckham, e se tornar uma jogadora profissional de futebol. Entretanto, a jovem enfrenta problemas em sua família, que deseja que ela siga os costumes indianos tradicionais, tal qual sua irmã mais velha, Pinky. O confronto entre as partes chega ao ápice quando Jesminder é obrigada a escolher entre a tradição de seu povo e seu grande sonho.

Introdução

O filme *Bend it like Beckham* trata de uma adolescente indo-inglesa,[1] Jesminder Bhamra (Jess), que idolatra David Beckham, e uma adolescente ingle-

---

* Professor da Universidade Gama Filho.
[1] Devemos demarcar de início que esse filme não é sobre indianos nem sobre a cultura indiana, é sobre os indianos que vivem em Londres e mantêm traços da cultura e da religião hindu.

sa, Juliette Paxton (Jules), que tem como ídolo a estrela do futebol dos Estados Unidos Mia Hamm. As paredes do quarto da primeira são cobertas por fotografias de David Beckham e de sua equipe na época, o Manchester United; no quarto de Jules as fotos são do futebol feminino dos Estados Unidos.[2]

A paixão de Jess pelo futebol de Beckham é tanta que o pôster dele situado acima de sua cama funciona como uma espécie de "alter ego" com o qual fala de seus problemas e feitos no campo de futebol. Jules tem as jogadoras americanas e o futebol profissional nos Estados Unidos como projeto de vida. Ambas enfrentam problemas para realizar seus desejos de praticar futebol na Inglaterra, onde esse esporte é um território basicamente de homens, considerado um espaço de expressão e desenvolvimento da masculinidade.[3]

Jess tem mais problemas a enfrentar no seio da família: seus pais desejam que ela siga os passos da irmã, Pinky Bhamra, que se prepara para se casar de acordo com as tradições hindus, com um rapaz de ascendência também indiana. Está ainda nos planos dos pais que Jess vá para a universidade. Jules, por sua vez, joga na equipe de futebol de mulheres[4] do Hounslow Harriers, um clube local. Ela é incentivada pelo pai (Alan Paxton) que joga com ela no quintal da casa, mas convive com o preconceito e preocupação da mãe (Paula Paxton), que acredita que o futebol, além de afastar Jules dos ideais de feminilidade, pode incentivá-la a se tornar uma lésbica.

---

[2] Na sala da família Bhamra a decoração é colorida, havendo um quadro com o fundador do sikhismo, o guru Nanak Dev (1469-1539). *Sikh* significa disciplina.
[3] Devemos lembrar que o futebol de mulheres na Inglaterra teve início durante a I Grande Guerra (1916-18) quando muitas jovens deixaram suas cidades e povoados para ser incorporadas à força de trabalho na indústria de munições. O Ministério de Munições, na Seção de Saúde e Assistência Social, oferecia atividades recreativas para essas jovens, tais como bailes, natação e também futebol. Durante os anos 1930 o futebol feminino também se manteve na França e na Grã-Bretanha. Todavia, sua existência e visibilidade, se comparada às do futebol dos homens, foi e ainda é secundária. Ver Fifa (2004), especialmente o capítulo "*Las mujeres y los jóvenes*", p. 182-201.
[4] Usaremos a expressão "futebol de mulheres" na medida em que o esporte institucional organiza suas competições a partir dos critérios: idade, vínculo de trabalho, características corporais (no caso das lutas) e, entre esses critérios, a grande divisão se dá a partir do sexo. Isto é, a estrutura biológica do sexo define em que categoria a pessoa deverá participar. Destacamos que sexualidade é algo construído socialmente e as definições ou conceituações nativas de masculino e feminino também são.

Jules observa Jess jogar no parque público de Southall entre os meninos e a convida para realizar um teste Hounslow Harriers. Jess é aprovada. Elas passam a jogar juntas, tornam-se amigas, compartilham o sonho de jogar futebol na Liga Profissional de Mulheres nos Estados Unidos e, além disso, são apaixonadas pelo treinador, Joe. O filme se desenrola gerando desentendidos sobre amizade, futebol, gênero e sexualidade.

Cabe ressaltar que os mal-entendidos se configuram num mote narrativo para extrair humor dos preconceitos, mas sobretudo afirmar claramente que são preconceitos. O sexismo se torna algo risível numa sociedade em que a mulher tem cidadania plena. Na estrutura narrativa do filme, ter preconceito significa algo fora de lugar.[5] A diretora Gurinder Chadha não deixa em momento algum o espectador em dúvida sobre a sexualidade das protagonistas (Jess e Jules), o humor vem justamente da dúvida em que vivem os pais e outros personagens, com as imagens que geram mal-entendidos. Por exemplo, o abraço entre duas meninas que jogam futebol, com os rostos próximos um do outro, pode ser interpretado como um beijo na boca por Paula Paxton, mãe de Jules, que duvida da opção sexual da filha.

Os mal-entendidos são equacionados na seqüência da narrativa, de modo que ambas afirmam suas habilidades no futebol e são convidadas para estudar na Universidade de Santa Clara, na Califórnia, e jogar futebol. As famílias aceitam que Jess e Jules sigam seus desejos e competências no outro continente, apoiando-as. Assim, Jess não segue os passos idealizados para a mulher nascida numa família de tradições indianas que vive numa comunidade étnica em Londres e Jules consegue realizar seu sonho e dirime o preconceito de sua mãe, de que futebol feminino está associado a lesbianismo.

Se a história se limitasse ao olhar feminista — aquele que antes de tudo pretende denunciar a opressão dos homens em relação às mulheres ou a diferença de cotas de poder —, poder-se-ia afirmar que o filme narra exclusivamente as barreiras formadas por uma sociedade machista que estabelece papéis, esportes e gostos diferenciados para homens e mulheres. O pressuposto é que o local designado para as mulheres é pouco excitante.

---

[5] Isso não quer dizer que não existam preconceitos e sexismo em nossas sociedades. Todavia, para algumas camadas sociais a sobrevivência desses resíduos soa como algo fora de lugar.

No caso específico do filme, a confirmação dessa tese se daria a partir de uma leitura das interdições enfrentadas por Jess Bhamra e por Jules para praticar futebol na sociedade londrina. O título *Driblando o destino*, versão do título original em português, por si só induz a um tipo de leitura que indica ruptura cultural[6] o simples fato de as mulheres entrarem nos espaços reservados aos homens ou a formação da masculinidade. Essa leitura é possível, mas de certa forma limita a complexidade cultural que o contexto do filme fornece. Tal leitura militante, apesar de necessária no jogo cultural,[7] reduz o fenômeno da entrada das mulheres nos espaços "reservados aos homens" à explicação da luta contra o preconceito numa sociedade que ainda limita as mulheres.

Gurinder Chadha, ao narrar a história de duas meninas que amam e praticam futebol, apesar de as vinculações culturais serem supostamente diferentes, acaba por revelar a teia de relações familiares, interétnicas, de vizinhança, de gêneros e de sexualidades nas sociedades pós-modernas.[8] O sucesso obtido por esse filme pouco pretensioso pode ser pensado como resultado da construção de uma história que consegue operar com "traduções"[9] e com humor os problemas étnicos e as relações de gênero vividas no mundo, tratando ao mesmo tempo de problemas locais e universais.

A autora diz que o filme[10] nasceu da inspiração que teve durante a Copa do Mundo de 1998, vendo o envolvimento e adesão emocional do povo inglês ao

---

[6] Aqui no sentido de que a cultura é um mapa de valores que orienta ações e comportamentos esperados dos indivíduos pertencentes a uma determinada sociedade. Essa idéia de mapa cultural é problemática, na medida em que capta muito o dever ser do discurso cultural, pensa a cultura como algo homogêneo e diz pouco sobre os processos de disputas e lutas de afirmação de significados nisso que designamos cultura.
[7] Entendemos cultura como lugar de luta de afirmação de significados. As condutas dos indivíduos no espaço social podem ser contraditórias de modo a se contrapor aos significados culturais ou valores estabelecidos, isto é, que gozam de maior consenso. Isto indica que a cultura é um permanente jogo de significados que ocorre entre indivíduos, gerações, classes sociais, grupos étnicos e/ou religiosos etc.
[8] Essa comédia, lançada na Inglaterra em abril de 2002, obteve algo em torno de £ 11 milhões nas bilheterias inglesas. O filme foi campeão de bilheteria na Austrália, na Nova Zelândia e na África do Sul; nos Estados Unidos em apenas oito semanas em cartaz havia faturado US$ 10 milhões. Ganhou prêmios como preferido do público nos festivais de cinema de Locarno, Sydney e Toronto, além de receber indicações da European Film Academy e de Melhor Filme Europeu da British Academy of Film and Television Arts. (Notas de produção. Disponível em: <www.webcine.com.br/notaspro/npdibdes.htm>. Acesso em: 10 jan. 2006.)
[9] No sentido de Stuart Hall (2003).
[10] O roteiro é de Gurinder Chadha, com Paul Mayeda Berges e Gulijit Bindra.

assistir os jogos da Inglaterra. Quando a seleção inglesa foi desclassificada, a comoção em Londres foi impressionante, homens saíam dos *pubs* e choravam pelas ruas. Segundo Chadha, tal comoção ela só havia visto com a morte de Lady Di.

Esse esporte também contagiou Chadha, que tomou o futebol para pensar como seria a experiência de duas adolescentes inglesas que desejassem ser jogadoras de futebol profissional, uma vivendo no contexto familiar da cultura indiana em Londres e outra numa família tipicamente inglesa.[11]

O cenário do filme é Southall, oeste de Londres, local onde Chadha cresceu. Para ela esse filme é o mais autobiográfico que realizou, pois aborda as relações familiares no seio de uma comunidade indo-inglesa e a relação das filhas com o pai. A relação entre Jess e o pai, sr. Bhamra, foi inspirada em sua própria relação. O filme seria uma espécie de tributo ao seu pai. Além disso, em algumas cenas do filme, como a festa e os rituais do casamento indiano de Pinky, Chadha utilizou seus próprios parentes (mãe e tias) como figurantes. A diretora diz que a presença de parentes tornava as cenas mais naturais, mas dirigi-los não foi tão fácil.[12]

---

[11] Do ponto de vista técnico de ensaiar as coreografias de futebol, a direção contou com o especialista Simon Clifford, que possui uma escola em Londres que ensina futebol a partir de técnicas do futebol de salão. O professor Clifford acredita que essa é a melhor forma de ensinar o estilo de jogo brasileiro. Vejamos o texto a seguir que esclarece esse ponto e como tecnicamente foram filmadas as cenas de futebol.
A diretora fez seu dever de casa quando chegou a hora de filmar as cenas de futebol: "Assisti a todos os filmes sobre esporte que pude, junto com meu diretor de fotografia, Jong Lin, e falamos como queríamos que a câmara se movimentasse para captar a ação". Lin, que trabalhara antes com Gurinder Chadha em *What's cooking?*, criou seu próprio equipamento especificamente para filmar as seqüências de ação. Uma Wego parecida com a Steadicam foi usada para as tomadas feitas de baixo e de velocidade rápida, que não podiam ser feitas com a Steadicam. "A Wego criou uma nova visão da filmagem de cenas de futebol, evitando-se as tomadas feitas do alto, muito vistas em seqüência de futebol, porque a Wego tinha de ser segura por duas pessoas, conseguia uma imagem firme e precisa, permitindo que Paul Mayeda Berges, diretor da segunda unidade, ficasse bastante envolvido nas seqüências."
Gurinder Chadha trouxe Simon Clifford para coordenar as seqüências de futebol e treinar as garotas. Ele trabalhou com os atores e atrizes usando técnicas de futebol de salão para ter certeza que as cenas de futebol seriam da melhor qualidade. Clifford trabalhou nas semanas anteriores à filmagem para que o futebol tivesse um bom nível, e durante a filmagem, para coreografar as cenas. (Notas de produção. Disponível em: <www.webcine.com.br/notaspro/npdibdes.htm>. Acesso em: 10 jan. 2006.)
[12] Ver <www.webcine.com.br/notaspro/npdibdes.htm>.

O que tem a ver Beckham com esses conflitos culturais e relações de gênero? Beckham se tornou um herói no futebol inglês jogando pelo Manchester United, é um dos principais jogadores da Inglaterra para Copa da Alemanha e, atualmente, joga no Real Madri ao lado de Ronaldo, Roberto Carlos, Robinho entre outros grandes nomes do futebol mundial. Se não bastassem as habilidades desse jogador em campo — os ingleses pensam que ninguém chuta a bola para o gol com a curva espetacular que consegue Beckham, em nossa linguagem nativa utilizamos o termo "efeito" — ele é bonito, elegante, bem casado com uma ex-Spice Girl, bom pai e rico.

A co-roteirista, Gulijit Bindra, também é fã de Beckham. Além de um verdadeiro "Midas do marketing" esportivo, Beckham foi escolhido como o herói de Jess, segundo Gurinder Chadha, por ser tratar de um modelo ideal de homem que qualquer mãe, inclusive as indianas, gostaria de ter como genro.

Por outro lado, Beckham significa um modelo de masculinidade diferente do ideal hegemônico, na linguagem atual é um tipo metrossexual.[13] O filme parece demonstrar com os personagens e com Beckham, Jess e Jules que os ideais hegemônicos ou conservadores do masculino e do feminino não podem ser lidos como absolutos.[14] *Bend it like Beckham* serve como metáfora: Jess quer driblar ou chutar como seu ídolo, mas também indica que ela dobra (*bend*) a tradição para realizar seu sonho.

Imagens de identidades e identidades étnicas

As imagens identitárias que Gurinder fornece, mesmo sendo estereótipos que provocam o riso, auxiliam-nos a pensar os dilemas e estratégias culturais que os povos diaspóricos enfrentam no interior dos Estados-nação pós-imperialistas ou ex-colonizadores. Os indo-ingleses enfrentam esse processo como outras co-

---

[13] "Metrossexual (ou *metrosexual*, no original inglês), contração de heterossexual com metropolitano. Por definição é um empreendedor bem-sucedido, entre 25 e 45 anos, que vive nas grandes cidades e se preocupa com seu aspecto visual, se dedica a essa preocupação e gasta com ela, como fazem seus colegas *gays* do mesmo extrato social." A diferença fundamental é que a orientação do comportamento sexual é hetero. Ver: <www1.folha.uol.com.br/folha/equilibrio/noticias/ult263u2621.shtml>.
[14] Archetti, 2003.

munidades de imigrantes na Europa ou nos Estados Unidos, guardadas as devidas diferenças das políticas de integração.

As identidades são normativas, atribuídas e auto-atribuídas. "Não há identidade em si".[15] É na alteridade que se constrói a identidade. Não se pode esquecer que as culturas e identidades nascem de relações sociais, que são, na maioria das vezes, desiguais e de poder, distribuindo diferentes grupos ou culturas em hierarquias sociais e étnicas.

Por exemplo, no filme não se fala de uma cultura inglesa — a idéia de cultura aparece quando se fala dos indianos. A identificação é um processo que afirma uma identidade ou a impõe a determinado grupo ou comunidade. Cuche[16] indica que nos Estados Unidos o grupo dominante wasp (*white anglo-saxon protestant*) classifica, hierarquiza e localiza os demais grupos étnicos.

A etnização de determinados grupos pelas políticas de cultura ou de integração dos Estados-nação pode indicar controle dos estabelecidos em relação aos *outsiders*. No caso norte-americano, os *wasps* classificam os demais grupos étnicos a partir de características culturais e fenotípicas exteriores e o grupo dominante não etniza sua própria cultura. Todavia, sabemos que as identidades são relacionais e o analista social não deve tentar achar a "verdadeira identidade", mas sobretudo entender em que contexto as identidades são produzidas, mantidas ou questionadas.

O filme proporciona diálogos identitários em várias passagens. Os indo-ingleses são vistos pelos ingleses, brancos ou de outras etnias, como portadores de uma rígida tradição em relação ao casamento. Assim, Paula Paxton, mãe de Jules, quando conhece Jess, pergunta se ela é indiana, ao que tudo indica pelas características físicas. Como Paula vive assombrada pelo gosto de Jules pelo futebol, afirma algo mais ou menos assim: "aposto que sua família está arranjando para você um médico jovem".[17]

Essa visão do casamento como uma decisão dos pais sem a escolha dos filhos também está presente em outros momentos do filme, por exemplo, quan-

---

[15] Cuche, 2002.
[16] Ibid.
[17] Aqui temos os estereótipos de Paula acerca da vida na cultura indiana; ela imagina que as tradições e os comportamentos dos indianos ou de suas comunidades em Londres não estão em transformação como a sua "cultura". Em outras palavras, a cultura do outro é sempre vista como estática ou, quando muda, como algo degenerado.

do Jess tem que explicar que sua irmã Pinky está se casando por opção e por amor. Em outros momentos, as relações afetivas, namoros e paqueras aparecem, em imagens e em falas dos personagens que representam a comunidade indo-inglesa, como um espaço de decisão dos indivíduos, como espaço da experimentação da sexualidade antes do casamento etc. Isso não indica que haja dessacralização do casamento em termos rituais, há investimentos familiares, comunitários e individuais.

Embora o filme apresente o casamento no interior da comunidade indo-inglesa adaptado aos valores do individualismo da sociedade inglesa, a autora enfatiza o forte controle e pressão que essa comunidade exerce sobre as novas gerações para realizar casamentos endogâmicos. Uma cena engraçada se dá quando a mãe de Jess, sra. Bhamra, fala de uma sobrinha de seu marido que casou com um *goreh* (branco), um inglês de cabelo azul, se formou como estilista e hoje está divorciada e não freqüenta mais o templo *sikh*.

Na cena final do noivado de Pinky as anciãs da comunidade dizem para Jess que ela será a próxima a se casar e perguntam se ela prefere um *sikh*[18] barbado com turbante, como seu pai, ou um com o rosto raspado, como noivo de sua irmã. Jess se afasta com certa indignação. Na cena final do casamento, depois de alguns contratempos na qual Jess é acusada de lésbica por Paula Paxton, Pinky chama a irmã e pergunta, serenamente, se ela também não quer ter esse dia feliz. Jess responde que quer mais do que isso para sua vida.[19] De fato, temos aqui um processo de transformação de valores e desejos socialmente partilhados no interior da comunidade indo-inglesa de Southall. O final do filme indica que Jess assumiu o namoro com Joe, o treinador, um jovem branco irlandês.

Devemos ter em mente também que existe um movimento geracional desde a modernidade no qual cada nova geração constrói identidade em emulação com a geração anterior. O futebol como objetivo de vida para Jess e Jules pode significar a assunção de uma identidade de mulher, um estilo de vida, em contraposição à identidade de suas mães. O conflito geracional serve para colocar em jogo as representações conservadoras do feminino, tanto no seio da família indo-inglesa quanto no da família de classe média inglesa. O feminino e o masculino não podem ser entendidos socialmente como categorias auto-excludentes.

---

[18] Sikh é o adepto do sikhismo.
[19] Noutro momento Jess reclama que tudo que faz é julgado como não suficientemente indiano por seus pais.

Nesse sentido podemos pensar Beckham como um híbrido ou que as meninas heterossexuais no filme têm o futebol como um local de forjar novas expressões do feminino que se mesclam com o masculino. Observemos que o futebol e outras atividades sociais para mulheres, desde do início do século XX, podem refletir mudanças de entendimento do que é ser feminino.

Quando jogam futebol, as mulheres também expressam o espírito de agressividade na busca da vitória e, tal como os homens, esse espírito pode dar lugar à violência,[20] seja para defender a honra, seja para fazer justiça. Jess sofre uma tremenda falta num jogo e é chamada de *paki*; diante da ofensa, ela parte para a briga com a jogadora adversária. *Paki* é um termo de baixo calão no inglês britânico, que deprecia etnicamente os paquistaneses ou as pessoas oriundas de países vizinhos ou identificadas fenotipicamente como não-brancas. Aqui a ofensa é produto da hierarquização das identidades étnicas. A reação de Jess a leva à expulsão e à repreensão pelo treinador de campo. Jess responde que ele não sabe o que é ser discriminado, mas Joe diz que sabe, por ser irlandês e viver em Londres.

O desabafo do sr. Bhamra diante de Joe, que deseja convencê-lo de que Jess tem um potencial que não pode ser desperdiçado, ilustra mais um vez o embate entre estabelecidos e *outsiders*. O sr. Bhamra dá um relato de como se sente na sociedade inglesa. Ele diz que em Nairóbi na época da escola era o melhor arremessador de críquete, chegando a ganhar o campeonato do Leste da África. Todavia, quando chegou à Inglaterra e procurou clubes de críquete para integrar-se e foi tratado com preconceito pelos brancos, que ridicularizavam seu turbante e depois o dispensavam. Aqui fica demarcado o jogo de hierarquias das identidades étnicas.

As imagens da comunidade indo-inglesa, suas roupas coloridas, mercados públicos, seus rituais, suas festas são elementos identitários que aparecem no decorrer do filme como processo de auto-identificação do ser indiano na sociedade inglesa.

Gênero, sexualidade e preconceito

O filme aborda as confusões advindas das relações entre gênero e sexualidade e a prática de futebol a partir de uma linearidade na narrativa. Três planos

---

[20] Em sua história o futebol de mulheres apresenta episódios de violência entre jogadoras em campo.

narrativos são articulados: distinções de tipos de comportamento feminino e masculino; mal-entendidos que fazem aparecer a indistinção entre gênero e sexualidade e, conseqüentemente, os preconceitos; o processo de esclarecimento dos mal-entendidos.

Desde o início do filme a diretora se preocupa em apresentar oposições do que pode significar o feminino. Na casa dos Bhamra, Jess é posta em oposição a Pinky. A primeira pensa em futebol o tempo inteiro, joga com os rapazes no parque, assiste a jogos pela televisão, imagina-se jogando ao lado de Beckham e, no decorrer da história, por influência de Jules, sonha em também jogar na liga profissional norte-americana. Jess veste roupas esportivas e largas no cotidiano, prende o cabelo e não usa maquiagem nem se interessa em aprender a culinária indiana. Pinky, sua irmã, está com o casamento marcado, sabe fazer o *chapatti* (pão indiano) e outros pratos da cozinha indiana, veste-se no dia-a-dia com calça *jeans* apertada e blusa justa e decotada, possui um andar que exala sensualidade e dedica-se à sua aparência e vida afetiva. As amigas de Pinky também funcionam como exemplos de oposição a Jess, isto é, todas estão apenas interessadas em arrumar um bom casamento e em namorar. A sra. Bhamra é uma dona-de-casa dedicada que usa roupas indianas e assume em tempo integral a tarefa de socializar as filhas com a cultura hindu e com o dever ser da mulher indiana.

Na casa dos Paxton a oposição se dá entre Jules e sua mãe (Paula). Jules é uma adolescente bonita, usa cabelos curtos, veste-se de forma esportiva ao estilo *casual*, seu quarto tem as paredes cobertas de *posters* de atletas da liga de futebol feminino (*soccer*) dos Estados Unidos e seu grande sonho é imigrar para aquele país e jogar numa liga de futebol profissional. Sua mãe se veste como uma típica inglesa de classe média e tenta o tempo inteiro socializar seus gostos com Jules. Uma divertida cena se passa numa loja em que ela deseja convencer a filha a levar sutiãs que aumentem o volume dos seios. Paula demonstra, ao longo do filme, a preocupação de que a prática do futebol induza sua filha a tornar-se lésbica.

Tanto o sr. Bhamra quanto o sr. Paxton são apresentados como homens dedicados à família e amorosos com suas filhas. O sr. Paxton, nas poucas cenas em que aparece, é um incentivador da prática do futebol pela filha. Joga com Jules no quintal de sua casa, vai assistir aos jogos e tenta dissuadir Paula Paxton dos preconceitos em relação ao futebol de mulheres. O sr. Bhamra, ainda que não seja um entusiasta do futebol de Jess, transmite calma e paciência na administração dos problemas familiares. Outros personagens masculinos também aparecem no filme. Os rapazes que jogam futebol no parque com Jess, mesmo que reconheçam sua incrível habilidade, acabam por reproduzir chavões e brincadeiras machistas. O único diferente é Tony, colega de escola de Jess, seu companheiro, confidente e sensível aos problemas da amiga. Tony se assume homossexual para Jess.

Antes de entrarmos no outro plano narrativo sobre o tema, é necessário ressaltar que em nenhum momento o filme pretende confundir o espectador. Os personagens femininos são apresentados em termos de imagem, falas e comportamentos indubitavelmente heterossexuais. Tanto é assim que Gurinder Chadha, desde de cedo, deixa transparecer a atração de Jess e Jules por Joe, o treinador. Para elas o treinador, além de ser bonito, é um homem diferente, que respeita as mulheres que jogam futebol e as leva a sério. Como já argumentamos, a diretora parece querer colocar em questão as imagens hegemônicas do masculino e do feminino, anunciando matizes e hibridizações sociais em novas construções.

Num segundo plano narrativo as mensagens e imagens ambíguas e cortadas são fornecidas aos demais personagens do enredo de modo que suscitem a dúvida sobre a sexualidade de Jess e de Jules. Cabe lembrar que os pais de Jess em nenhum momento questionam a sexualidade de sua filha. Apenas acham que o futebol a desvia da cultura hindu e do comportamento que deve ter uma mulher indiana. A sexualidade não está em jogo. Para Paula Paxton, os mal-entendidos aumentam as suspeitas de que sua filha é ou tem tendências homossexuais.

Como exemplos, apresentamos algumas cenas.

- Jules e Jess estão rindo de cair, uma apoiada na outra, num ponto de ônibus, da caretice da mãe da primeira, pois Paula Paxton ficara espantada ao saber que Jess era do mesmo time de Jules. Os pais do noivo de Pinky passam de carro e interpretam os movimentos das duas como um beijo entre um jovem branco inglês e Jess.
- Jess vai à casa de Jules para esclarecer o quase beijo que ela quase deu em Joe (treinador). Elas brigam e Jules diz que se sente traída. Paula Paxton escuta parte da discussão e conclui que elas são namoradas e que é por isso que a filha anda triste. Senta-se ao lado do sr. Paxton e diz estar preocupada com o futuro da filha, em função de sua opção sexual. Nesse momento, ela comenta como a vida privada de George Michael havia sido exposta. Seu marido responde que, independentemente disso, ela continua fã das músicas dele.

❑ O jogo final. Jess sai do casamento de sua irmã com o apoio de Tony e com o consentimento de seu pai. Depois de trocar a roupa no trajeto, entra em campo no momento em que vai ser cobrada uma falta contra seu time e está sendo formada a barreira. A câmera focaliza com sutileza o abraço de Jess e Jules, elas dão a mão, em seguida a câmera se volta para a arquibancada focalizando Paula Paxton com olhares de suspeita. Logo após o jogo, as duas jovens recebem o convite do olheiro[21] para jogar nos Estados Unidos e estudar na Universidade de Santa Clara, na Califórnia, se abraçam e esbarram o rosto e narizes uma na outra, de modo que os Paxton, a distância, pensam que elas se beijaram.

Outras cenas poderiam ser mencionadas, mas fiquemos por aqui. Os mal-entendidos descritos possuem no jogo narrativo a dupla função de retirar humor do preconceito e ao mesmo tempo denunciar e rir do preconceito, como poderemos ver no plano narrativo a seguir.

O terceiro plano narrativo equaciona os mal-entendidos. Tony, amigo de Jess no futebol e na escola, assume para ela que é homossexual. Ele é apaixonado por futebol, vive jogando com os amigos, mas ama platonicamente Beckham. Ela se espanta com a notícia e lembra que ele é indiano. Tony reage com uma expressão do tipo "o que posso fazer?". Jess prontamente manifesta apoio. Aqui temos o desmonte do mito de que o futebol só pode ser considerado espaço habitado por heterossexuais: Tony habita esse espaço, possui comportamentos masculinos, mas sua opção sexual faz parte de sua vida privada.

Paula Paxton acredita que sua filha se tornou lésbica. Ela culpa o futebol, por ser um espaço social que teria influenciado a opção sexual da filha. Numa cena decisiva fala explicitamente com Jules o que pensa de sua sexualidade. Jules diz que nem ela nem Jess são lésbicas, muito pelo contrário, disputavam o mesmo homem. As expressões faciais de Paula são fantásticas, revelando desespero e alívio. O diálogo é complementado com Jules afirmando que não vê nada de mais em uma mulher ser lésbica. Gurinder Chadha manda sua mensagem explicitamente. Paula, ao estilo da retórica envergonhada do preconceito, diz: "Não tenho nada contra; já até torci para Martina Navratilova".[22]

---

[21] Selecionador de talentos.
[22] A primeira tenista a assumir sua homossexualidade publicamente.

A mensagem é clara: as categorias sociais gênero e sexualidade não podem ser confundidas. As práticas sexuais, as possibilidades de expressão da sexualidade não definem nem se correlacionam com tipos absolutos de expressão do feminino ou do masculino. Por outro lado, podemos pensar que os preconceitos nesse campo se originam pelo fato de considerarem homens e mulheres a partir de ideais canônicos, hegemônicos e dicotômicos do que é ser masculino e feminino.

O paradoxo se instala quando esse ideal hegemônico de masculinidade e feminilidade trabalha em continuidade com a estrutura biológica da sexualidade e ao mesmo tempo teme que a socialização do futebol ou do balé torne as meninas lésbicas ou os meninos *gay* (lembremos o filme *Billy Elliot*, 2000, dirigido por Stephen Daldry).

A generosidade dos homens

Para finalizar, vamos analisar como Gurinder Chadha foi pouco generosa com as mulheres do filme, ainda que isso possa não ser tão explícito. As mulheres aparecem como reguladoras da moral social, seja na comunidade indiana, seja na família inglesa. Elas são chatas e perturbam a fruição dos sonhos das adolescentes. Desejam controlar a sexualidade dos jovens em geral. Além disso, as mulheres aparecem como ansiosas, lamentosas e autoritárias, beirando o histerismo. Os homens são temperados, amorosos, conciliadores e falam pouco. O pai de Jules, Alan Paxton, joga futebol com ela e a incentiva o tempo inteiro, mesmo contra a vontade da mãe. O sr. Bhamra, pai de Jess, tenta sempre minimizar os problemas gerados por ela. Joe é um rapaz que incentiva as meninas a perseguir seu ideal, seja em função da frustração em não poder continuar no esporte, seja por admirar o futebol, independentemente de ser praticado por homens ou por mulheres.

Poder-se-ia pensar que as mulheres no filme fazem muito barulho, mas as decisões são tomadas em última instância pelos homens. Na última cena, Jess revela que jogou o segundo tempo da final do campeonato durante o casamento de Pinky com a anuência do pai. O resultado dessa empreitada é a oferta de uma bolsa de estudos nos Estados Unidos e a possibilidade de jogar futebol profissionalmente. Ela manifesta seu desejo de ir e diz que será infeliz se não viver essa experiência. A mãe reclama e lamenta-se pelo fato de o pai ter permitido. Ele retruca dizendo que a sra. Bhamra pode ignorar o rosto de uma filha triste, mas ele não. Diz que se tornou um frustrado porque não enfrentou o preconceito dos ingleses brancos nos clubes de críquete. Ele diz que Jess é brilhante com a bola nos pés e que inclusive já a viu atuando. Diante desses argumentos ele sentencia que ninguém pode impedi-la de realizar seu sonho. A dramaticidade da conversa é atenuada, Jess abraça o pai e a mãe aceita a decisão. O pai diz que não pode querer nada mais do que fazer duas filhas felizes num mesmo dia. A sra. Bhamra complementa dizendo que, pelo menos, a ensinou a fazer um jantar indiano completo, o resto seria com Deus.

Os homens nesse enredo são fundamentais no processo de dobrar as regras sociais do machismo e do preconceito. Os srs. Bhamra e Paxton auxiliam suas respectivas filhas a realizar seus sonhos mesmo contra as regras sociais ou contra os ideais hegemônicos de feminilidade.

Referências bibliográficas

ARCHETTI, E. *Masculinidades, fútbol, tango y polo en la Argentina*. Buenos Aires: Editorial Antropofagia, 2003.

CUCHE, D. *A noção de cultura nas ciências sociais*. Bauru: Edusc, 2002.

FIFA. *Fifa 1904-2004*: um siglo de fútbol. Madrid: Pearson Educación, 2004.

HALL, Stuart. *Da diáspora*: identidades e mediações culturais. Belo Horizonte: UFMG, 2003.

5

"*Show me the money!*" — o esporte entre a paixão e o negócio no mundo globalizado: comentários a partir do filme *Jerry Maguire*

Marcos Alvito*

 ***Jerry Maguire* — Ficha técnica**

Diretor: Cameron Crowe
País/ano: EUA/1996
Sinopse: Jerry Maguire é um agente esportivo bem-sucedido no ramo, mas numa noite escreve uma declaração de 25 páginas que sugere que os agentes tenham menos clientes e passem a usar um tratamento mais humano com eles. Este fato provoca sua demissão em um curto espaço de tempo e ele começa a perder de uma só vez todos os seus clientes, sendo obrigado a concentrar sua energia e potencial em seu único cliente, um temperamental jogador negro de futebol americano.

O cenário: o planeta Esporte

Jerry Maguire começa de forma eletrizante. Um tique-taque de relógio e o som de palmas compassadas evocam a tensão da atmosfera esportiva. A primeira imagem é da Terra envolta em uma aura azulada. Acordes lancinantes de guitarra. Um narrador, o próprio Jerry Maguire (Tom Cruise), apresenta o cenário em que

---

* Professor da Universidade Federal Fluminense.

se desenvolverá a trama: "Este é o mundo e há quase 6 bilhões de pessoas nele. Quando eu era garoto, eram apenas três. É difícil se manter em dia".

Em seguida há um *close* em uma parte determinada do planeta e um satélite passa raspando em alta velocidade antes de se perder no espaço. A mesma voz continua: "Aí está. Eis a América. Pois a América ainda dá o tom para o resto do mundo".

O tom? Nosso narrador logo esclarece do que se trata. Há uma seqüência de atletas-prodígio: um jogador de basquete de 13 anos capaz de fazer 100 pontos em uma única partida, uma futura atleta olímpica (saltos ornamentais), uma pioneira lutadora de boxe de 16 anos, um fantástico rebatedor de beisebol adolescente, um jovem *quarterback* prestes a ser avidamente disputado pelos times da National Football League (Liga de Futebol Americano). É neste momento que o narrador se apresenta, pois o "grande Frank Cushman" (o *quarterback*) é seu mais importante cliente. Jerry Maguire é um agente esportivo.

Esta comédia romântica bastante popular trata das desventuras de um *yuppie*, um bem-sucedido advogado que trabalha como agente esportivo na SMI (Sports Management International). Jerry Maguire tem 35 anos e está no auge da carreira, lidando "com as vidas e os sonhos de 72 clientes" e recebendo em média "264 telefonemas por dia". Está prestes a casar-se com uma bela (e igualmente gananciosa) mulher. Aos seus clientes, promete obter o máximo de dinheiro e prestígio que a carreira de atleta profissional permite no mundo de hoje:

> Não vou descansar enquanto não tiver você segurando uma Coca-Cola, calçando seu próprio [modelo de] tênis, jogando um *videogame* em que você aparece enquanto canta a sua própria canção em um novo comercial estrelado por você e transmitido durante o Super Bowl em um jogo que você esteja ganhando.

O esporte profissional movimenta hoje US$ 220 bilhões por ano,[1] representando a décima indústria dos Estados Unidos, duas vezes maior do que a automobilística e sete vezes maior do que a cinematográfica. Há atletas ganhando US$ 25 milhões por ano, como o jogador de beisebol Alex Rodrigues. E ao salá-

---

[1] Zirin, 2005.

rio vêm somar-se os multimilionários contratos de publicidade. Antes mesmo de pisar como jogador em uma quadra da NBA (National Basketball Association), James LeBron James, aos 17 anos, já tinha feito um contrato com a empresa de material esportivo Nike que lhe garantiu US$ 90 milhões.

Mas logo o próprio narrador nos alerta para o outro lado desse processo de comercialização do esporte. Cena: carro de polícia com sirene ligada, dentro dele sai um jovem negro forte e alto. A repórter pergunta se a jovem tinha 16 ou 17 anos. A voz de Jerry Maguire admite: "Na caça ao dinheiro grande uma porção de coisas pequenas estavam erradas". E aparece o próprio Maguire, todo sorridente, alegando não haver prova nenhuma contra seu cliente, um atleta sensacional. Em outro momento, um jogador branco conversa com Maguire em um *lobby* de hotel e recusa o pedido de uma menininha: assinar um *card* com sua foto, alegando ser de outra marca que não aquela com a qual ele tem um contrato de exclusividade.

Em seguida, ocorre a cena que muda toda a trama da história. Em uma cama de hospital, aparece um jogador de hóquei, com o pescoço imobilizado. Ele acaba de sofrer sua quarta concussão cerebral e mal é capaz de dizer seu nome ou de reconhecer a mulher e o filho. Apesar disso, pretende jogar no próximo fim de semana, para ganhar um bônus por participar em 65% dos jogos. Seu filho, um garoto de 10, 11 anos, já no corredor do hospital pede a Jerry Maguire que convença seu pai a parar. Quando Maguire sai pela tangente o menino xinga-o e se retira com um gesto obsceno enquanto se ouve o narrador indagar a si próprio: "Quem eu havia me tornado? Apenas mais um tubarão engravatado?"

A crise de consciência leva-o a escrever um texto ("As coisas que pensamos e não dizemos. O futuro do nosso negócio") propondo uma modificação nos objetivos da empresa de agenciamento esportivo. Quer que sejam adotados procedimentos éticos, uma verdadeira preocupação com seus clientes: "a resposta é menos clientes, menos dinheiro. Mais atenção".

Em menos de uma semana nosso herói é despedido e a única pessoa que se arrisca a acompanhá-lo na nova empreitada é uma contadora de 26 anos (Dorothy/Renée Zellweger). Viúva e mãe de um filho, ela põe em risco sua carreira por acreditar nos ideais de Maguire. A nova empresa começa em situação difícil, com apenas dois clientes: um problemático jogador de futebol negro e o jovem *quarterback* Frank Cushman. Este último abandona Jerry Maguire, trocando-o pelo traiçoeiro Bob Sugar. Sobra Rod Tidwell, *wide receiver* do Arizona Cardinals, único cliente do antes poderoso Maguire.

A relação entre Maguire e Tidwell representa um dos pares de oposições existentes no filme: o jogador negro de futebol americano, de origem humilde, e o jovem advogado e agente esportivo branco. Outros seriam: a mulher idealista e romântica (Dorothy) *versus* a ambiciosa e desalmada noiva de Maguire; o agora ético Maguire contra o inescrupuloso Bob Sugar; o jovem *quarterback* branco disputado a tapa pelas equipes da NFL e pelas empresas de material esportivo contrastando com Tidwell, um atleta já em meio de carreira e que ainda não experimentou um sucesso consistente; a paixão de Maguire pelo trabalho *versus* a paixão de Tidwell por sua mulher e seus filhos; o mau-caratismo caipira do pai de Cush ("minha palavra é mais sólida do que o carvalho") oposto à lealdade de Tidwell para com seu agente.

Voltando à primeira e mais importante dessas oposições, tanto Maguire quanto Tidwell encontram-se numa encruzilhada de suas vidas. Maguire arriscou tudo e agora seu destino está literalmente nas mãos de Rod Tidwell, um *wide receiver* da NFL. No futebol americano, cada equipe é composta de três times: os atacantes, os defensores e o time especial (chutadores). Entre os atacantes, o *wide receiver* é uma espécie de artilheiro, encarregado de receber as bolas longas lançadas pelo *quarterback* em direção à *end zone* para marcar um *touchdown*.

Um *wide receiver* tem de ser rápido e astuto para despistar seus marcadores, ter boas mãos para receber o passe e, principalmente, muita coragem para suportar o contato violento com marcadores que se arremessam com toda a força contra seu corpo. Lembremos que a carreira média de um jogador da NFL, hoje em dia, é de apenas três anos.[2] Rod Tidwell tem consciência do risco que corre, mas também do seu valor: "Eu sou uma mercadoria valiosa. Eu entro pelo meio! Vejo um cara vindo pra cima de mim, tentando me matar e digo para mim mesmo 'morra'. Pegue a bola! Uau. *Touchdown*! Eu faço milagres acontecer".

A televisão e o crescimento do futebol americano

O futebol americano surgiu no último quartel do século XIX, a partir do *rugby*, tendo se desenvolvido sobretudo nas universidades. A primeira liga profis-

---

[2] Zirin, 2005.

sional nasceu em 1920, mas demorou algumas décadas para suplantar em popularidade a universitária.

Nesse processo, a televisão desempenhou um papel decisivo. A primeira partida de futebol americano profissional foi transmitida em 1939, e em 1953 a NFL já arrecadava direitos televisivos pela transmissão de alguns jogos. Mais de 10 milhões de lares assistiram à final do campeonato de 1958 e quatro anos depois a NFL vendia os direitos de transmissão de todo o campeonato para a televisão.[3] Sublinhe-se que o valor arrecadado era (e ainda é) repartido igualmente entre todas as franquias da NFL, para evitar disparidades econômicas entre as equipes que alterassem o equilíbrio esportivo do campeonato.

A partir daí, o futebol americano profissional não somente suplantou o jogo praticado nas universidades mas veio a superar o beisebol como o jogo mais popular entre os norte-americanos ainda na metade da década de 1960. Assistir a um ou dois jogos nas tardes de domingo é um ritual tipicamente americano.

O Super Bowl, a final entre o vencedor da Conferência Americana (atualmente com 16 clubes) e o da Conferência Nacional (também composta por 16 equipes), é disputado desde 1967. Nos Estados Unidos há mais festas no domingo do Super Bowl do que na passagem do ano. Somente no país a audiência chega a 140 milhões de pessoas, mas este é hoje um evento mundial transmitido para 220 países em 28 línguas diferentes.[4] Por isso um comercial de 30 segundos no Super Bowl chega a custar mais de US$ 2 milhões. A média de público para as partidas da temporada regular da NFL é a mais alta entre todos os esportes profissionais do planeta: mais de 67 mil espectadores (temporada de 2005).

Só para termos uma idéia, a maior média entre os campeonatos nacionais de **futebol** pertence à liga alemã, com 37 mil espectadores.[5] Na verdade, a segunda maior média pertence a uma modalidade "amadora" de futebol americano: a primeira divisão do campeonato universitário, que ostenta uma média de mais de 45 mil espectadores (em 2004). Uma franquia da NFL, dependendo do caso, pode vir a valer até US$ 1 bilhão. Anualmente, cada equipe recebe hoje cerca de

---

[3] Mandelbaum, 2004.
[4] Long e Czarnecki, 1983.
[5] Dados acerca das médias de público obtidos em <http://en.wikipedia.org/wiki/Sports_league_attendances>, acesso em 12 jan. 2006.

US$ 100 milhões somente em direitos televisivos, sem contar o que é arrecadado com a venda de ingressos, camisas, bonés, direitos de jogos eletrônicos (*videogames*) e outras formas de explorar a "marca" do clube.

Portanto, ao colocar no centro da história um jogador de futebol americano e seu agente, o filme permite debater a questão da indústria do espetáculo esportivo. A chave para o entendimento está na televisão e no papel que ela desempenha em uma sociedade global de consumo. Como afirma Mandelbaum (2004:175), houve um casamento perfeito entre a TV e os esportes coletivos:

> Os esportes coletivos oferecem à televisão dramas intensos cheios de suspense a que milhões de pessoas estão ávidas por assistir, permitindo às emissoras de televisão cobrar alto pelos comerciais transmitidos durante os jogos. E estes jogos chegam à televisão já formatados, desenhados, arranjados e produzidos. Tudo o que as emissoras têm que fazer é apontar suas câmeras para eles. Por outro lado, a TV oferece às equipes esportivas uma maneira de mostrar seus jogos para milhões de pessoas que não podem assistir ao vivo e de receber vultosas quantias das redes de televisão pelos direitos de exibição.

O clímax do filme dá-se exatamente durante um jogo transmitido nacionalmente em uma segunda-feira. Desde 1970 a NFL e a rede ABC de televisão exibem o *Monday Night Football* em pleno horário nobre. Este programa, atualmente um dos mais antigos da TV americana, revolucionou as transmissões esportivas, aproximando-as de um show televisivo com aspectos cômicos e a presença de convidados ilustres, como John Lennon, Bill Clinton e Plácido Domingo.

Rod Tidwell tem neste jogo de segunda-feira uma chance de ouro. Ele está no último ano do seu contrato e sua equipe lhe ofereceu muito pouco para renovar: "apenas" US$ 1,7 milhão por três anos. Embora o filme seja de 1996, lembremos que hoje o salário médio na NFL é de US$ 1 milhão e que Rod é um *wide receiver*, uma posição valorizada. Ele resolve apostar no próprio "taco" e jogar o seu último ano sem ter renovado com o Arizona Cardinals. Procuraria então render o máximo possível antes de se tornar um *free agent*, ou seja, um jogador livre para negociar seu contrato com outros clubes. É um risco enorme.

Um combate simulado *ma non troppo*

Em uma temporada regular de 16 semanas, mais da metade dos jogadores sofre algum tipo de lesão, sendo que no campeonato de 2003/04 a proporção foi de 68%. O tamanho, o peso, a força e a velocidade dos jogadores aumentaram muito nas últimas décadas e o peso médio de um jogador de defesa, que chegava a 112 kg em 1972, é hoje de 136 kg. No caso de sofrer uma lesão séria, Tidwell perderá tudo. E essa é sua última chance de fazer um bom contrato, pois ele admite só ter no máximo mais cinco anos de carreira. O problema é que Rod Tidwell é um jogador baixo para a sua posição para os padrões da NFL: tem "somente" 1,80 m, enquanto o dirigente do Arizona Cardinal gostaria que ele fosse um *wide receiver* típico: 1,90 m e 100 kg.

Para piorar a situação de Tidwell, o futebol americano é, sem dúvida, o esporte mais semelhante a uma guerra. O período de preparação dos jogadores é chamado de "acampamento" e, da mesma forma que seu congênere militar, é marcado pela dureza física e psicológica do treinamento.[6] Os jogadores devem estar preparados para frio, calor, chuva, neve e gelo, pois uma partida de futebol americano nunca é cancelada, exceto se um nevoeiro impedir a visão ou se houver um furacão.

O objetivo do jogo é a conquista de território em jogadas sucessivas que são chamadas de "campanhas". A linha ofensiva do time com a bola oval tenta quebrar a linha defensiva adversária para que um *running back* possa penetrar correndo ou pelo menos garantir segurança ao *quarterback* para fazer um passe. O combate se dá na chamada "linha de *scrimmage*", conhecida também por "as trincheiras".

Há um general comandando as tropas de fora (o técnico principal) e um "general de campanha" dentro de campo, pois é assim que é chamado o *quarterback*. As bolas longas e altas lançadas por ele são chamadas de "bombas" e as curtas e rápidas de "mísseis". No caso de a linha ofensiva não conseguir proteger bem o seu "general de campanha", a defesa parte para cima do *quarterback* para derrubá-lo, em uma jogada conhecida por "*blitz*". Em um manual de futebol americano um ex-jogador de defesa não teve nenhum pejo em confessar:[7]

---

[6] Um filme em que este papel do acampamento fica muito claro é o ótimo *Remember the Titans* (2000).
[7] Long e Czarnecki, 1983:64.

os jogadores da linha de defesa e os *linebackers* são ensinados a infligir o máximo castigo possível ao *quarterback*. Eles desejam bater nele para retirá-lo do jogo ou ao menos causar-lhe tanta dor que ele vai ter menos vontade de ficar com a bola na mão esperando seus "recebedores" se livrar dos marcadores.

Cada jogada (ou campanha) é como se fosse uma batalha, após a qual pode-se saber quem ganhou, se foi o ataque, conquistando território, ou a defesa, impedindo o avanço ou até mesmo fazendo o adversário recuar. O ataque tem um tempo entre o término de cada jogada e o início de outra, o relógio faz parte do jogo no futebol americano. Jogado em uma hora exata, dividida em quartos de 15 minutos cada um, é um jogo totalmente moderno: veloz, marcado pela divisão de trabalho e com regras sempre em mutação. Mandelbaum (2004) chama-o de "o jogo industrial", por conta de uma série de características, entre as quais a importância atribuída ao tempo e à sincronia necessária para a realização das jogadas.

É numa única jogada que Rod Tidwell resolve sua vida. O jogo está praticamente no fim e seu time está perdendo por três pontos. Uma vitória fará o time avançar para a segunda fase do campeonato (*playoffs*) pela primeira vez em 21 anos. Isso tudo jogando diante da sua torcida, em Phoenix, Arizona, e em plena *Monday Night Football*.

Durante todo o jogo, Rod faz ótimas recepções, mas sempre é contido com toda a violência possível por seus marcadores. Faltando pouco mais de um minuto, o Arizona Cardinals está a sete jardas (cerca de seis metros) do *touchdown*. O *quarterback* finge entregar a bola nas mãos do *running back* e lança uma "bomba" na *end zone*. O "baixinho" Tidwell pula bem alto e alcança a bola em meio a dois enormes marcadores, um dos quais praticamente o arremessa de cabeça para baixo com toda a força, mas Rod não solta a bola. *Touchdown*. Arizona 20 a 17.

Depois de ficar um minuto desacordado no chão, Rod Tidwell levanta-se lentamente para o delírio do público, ainda sem ter largado a bola. Contempla a multidão, tira o capacete, saúda o público, sorriso escancarado, telão com anúncio de cerveja ao fundo. E ele, que dissera a Jerry Maguire ser um atleta e não um *entertainer*, faz sua dança na *end zone*, lança beijos para o público e, depois de finalmente largar a bola no chão, faz pirueta de cabeça para baixo, pega novamente a bola, beija-a e faz palhaçada, andando aos pulos com a bola na mão.

Final feliz, do jeito que Hollywood gosta: o Arizona lhe oferece um novo contrato de quatro anos e US$ 11,7 milhões. Rod só vem a saber disso quando está sendo entrevistado em um programa de televisão e põe-se a chorar em pleno ar. Jerry Maguire, tendo emplacado o primeiro sucesso da nova fase da sua carreira, volta a viver contente com Dorothy e seu filho pequeno.

O esporte na encruzilhada entre a paixão e o negócio

Não é à toa que o clímax do filme (a recepção de Tidwell) e sua seqüência lógica (o bom contrato) dêem-se diante das câmeras de TV. Entre os esportes profissionais, o futebol americano é aquele que mantém a relação mais "simbiótica" com a TV. O jogo tem um tal grau de complexidade, com várias ações se desenrolando ao mesmo tempo, que o telespectador vê melhor a partida em casa do que no estádio, onde vai para celebrar e torcer.

As inúmeras interrupções do jogo, que fazem parte da própria dinâmica do futebol americano enquanto um jogo coletivo de estratégia, acabam proporcionando à televisão minutos preciosos de anúncios em meio ao calor da partida, e não somente no intervalo como em muitos esportes.[8] Por outro lado, hoje em dia, cerca de 70% da renda de uma franquia de futebol americano vêm dos direitos de transmissão comprados pelas redes de TV.

Esta dependência da TV é hoje uma realidade não somente no caso do futebol americano, mas também em outros esportes profissionais, como o basquete, o beisebol e o futebol. Este mercado global de transmissões esportivas é encarnado com perfeição na ESPN, "*Worldwide leader in sports*" (uma empresa da Walt Disney). A TV globalizada serve de ponte para ligar o esporte ao capital: em 1999 a NBA e a Coca-Cola Company firmaram um contrato de "parceria de marketing" de 100 anos.[9]

Marcee, a esposa de Rod Tidwell, graduada em marketing, compreende perfeitamente isso, ao reclamar para seu marido um anúncio de tênis, carro, rou-

---

[8] Além disso, foram criadas interrupções especificamente para a veiculação de anúncios, como a estratégica parada antes dos dois últimos minutos de cada quarto. É bom notar que nestes dois minutos finais um técnico não pode questionar a marcação dos árbitros, o que levaria a uma diminuição do ritmo e do drama contidos nestes momentos decisivos do jogo. Ou seja, um jogo de futebol americano profissional é, hoje em dia, em mais de um sentido, um produto da televisão. Uma crítica a isto pode ser vista no filme de Oliver Stone, *Any given Sunday* (1999).
[9] Miller e Lawrence, 2001.

pa ou refrigerante, "as quatro jóias do mercado de publicidade das celebridades". É por isto que Bob Sugar, pensando estar falando com seu novo cliente Frank Cushman, avisa: "Agora você é global. Mundial". Em 2000, a revista *Forbes* avaliou o valor comercial de Michael Jordan em US$ 43,7 bilhões.[10] Apenas os rumores do seu retorno às quadras em março de 1995 foram suficientes para que as companhias ligadas a ele subissem o seu valor na Bolsa em US$ 3,84 bilhões.

Na Inglaterra, os críticos da comercialização excessiva costumam dizer que "o capital colonizou o futebol". Poderíamos ampliar essa afirmativa substituindo futebol e colocando esporte. Mas as conseqüências desta anexação variam bastante. O futebol americano é plenamente assumido como negócio. Por isto, o técnico do Baltimore Ravens ao conversar com um jogador problemático pode usar as seguintes palavras: "Negócio é negócio. Você e eu não temos que ser amigos, mas nós precisamos trabalhar juntos como sócios porque é o que nós somos".[11]

Apesar disso e até por este ser um negócio, os empresários que gerem o futebol americano sempre estiveram muito atentos para não matar a "galinha dos ovos de ouro". O esporte é um negócio com certas especificidades. Huizinga (2004) já lembrava, em seu *Homo Ludens*, que o feitiço despertado pelo jogo depende em grande parte da tensão proveniente da incerteza e do acaso.

Exatamente para preservar o valor comercial do seu produto, os dirigentes do futebol americano buscaram garantir este elemento essencial, tomando medidas concretas para evitar um desequilíbrio de poder financeiro entre as franquias, que poderia levar à diminuição da incerteza (e, conseqüentemente, da magia exercida pelo jogo), ao fazer com que determinadas equipes se tornassem favoritas absolutas. Por isso, desde o momento em que ligaram seu destino à TV, estabeleceram que esses recursos seriam igualmente divididos entre as equipes. Na década de 1990, ainda com a mesma preocupação, estabeleceram um teto salarial, resolvendo, de uma só tacada, dois problemas: a escalada astronômica dos salários e o possível desequilíbrio entre as equipes. É por isso que não há, no futebol americano profissional, analisado historicamente, nenhuma equipe tão vencedora quanto a do New York Yankees no beisebol (que não adotou as mesmas medidas).

---

[10] Zirin, 2005.
[11] Feinstein, 2005:205.

No caso do futebol, a entrada selvagem do capital tem desfigurado o jogo. Hoje estamos diante do surgimento de uma elite mundial de clubes globalizados e plenamente transformados em empresas (como Milan, Manchester United, Real Madrid) originárias dos centros mais poderosos. A concentração de recursos permite monopolizar os melhores jogadores, provenientes dos quatro cantos do planeta, enfraquecendo um dos pilares tradicionais do futebol: o pertencimento clubístico.[12] Campeonatos nacionais antes equilibrados agora têm uns poucos favoritos, e a disparidade entre os clubes mais ricos e os restantes é crescente. Muitos clubes nem mais competem com esperança de conseguir o título — cada vez mais improvável —, mas apenas com a pretensão de se classificar para uma das várias competições européias, extremamente lucrativas.

Há um momento crucial no filme, quando Jerry Maguire conversa no vestiário com Rod Tidwell. Contraditoriamente, é o agente esportivo, personificação da transformação do esporte em *"business"*, que lhe faz a seguinte pergunta: "Rod, lembra do tempo em que você era criança? Não era pelo dinheiro (que você jogava), era?". Rod, filho de mãe solteira, de origem humilde, fica em dúvida e não responde, afinal desde a mais tenra infância os meninos pobres têm no esporte uma das poucas possibilidades de utilizar seu capital físico para ascender socialmente. Mas é somente depois de jogar com paixão que Rod vai conseguir ser bem-sucedido. Na configuração atual do campo esportivo, esta contradição aparece com toda a força: o esporte profissional que não conseguir manter vivo o elemento lúdico acabará por sucumbir enquanto negócio. Se a chama da paixão não continuar acesa, o dinheiro, ao invés de aparecer (*"Show me the money!"*), vai sumir.

Referências bibliográficas

ALVITO, Marcos. A parte que te cabe neste latifúndio: o futebol brasileiro e a globalização. *Revista Análise Social*, Lisboa, v. 41, n. 179, 2006.

FEINSTEIN, John. *Next man up*: a year behind the lines in today's NFL. New York: Little, Brown & Co., 2005.

---

[12] Para uma análise acerca dos efeitos desta nova ordem futebolística no caso brasileiro, ver Alvito (2006).

HUIZINGA, Johan. *Homo Ludens*: o jogo como elemento da cultura. 2. ed. São Paulo: Perspectiva, 2004.

LONG, Howie; CZARNECKI, John. *Football for dummies*. Indianapolis: Wiley Publishing, 1983.

MANDELBAUM, Michael. *The meaning of sports*: why Americans watch baseball, football and basketball and what they see when they do. New York: PublicAffairs, 2004.

MILLER, Toby; LAWRENCE, Geoffrey et al. (Eds.). *Globalization and sport*: playing the world. London: Sage, 2001.

ZIRIN, Dave. *What's my name, fool?* Sports and resistance in the United States. Chicago: Haymarket Books, 2005.

6

A morte da "alegria do povo"*

*José Sérgio Leite Lopes***

 Garrincha, alegria do povo — Ficha técnica

Diretor: Joaquim Pedro de Andrade
País/ano: Brasil/1963
Sinopse: Vida e carreira de um dos maiores jogadores brasileiros de todos os tempos e, para muitos, simplesmente "o maior". No ano da produção, Garrincha estava no auge e seus dribles desconcertantes nas Copas do Mundo de 1958 e 1962 e no Botafogo Futebol Clube foram levados às telas.

Etnografia de um funeral

Nas vésperas de sua morte, Garrincha residia em uma casa alugada havia cinco anos pela Confederação Brasileira de Futebol (CBF) na rua dos Estampadores, situada na antiga vila operária da Companhia Progresso Industrial, a fábrica têxtil de Bangu, no Rio de Janeiro.

---

* Uma primeira versão deste artigo foi publicada na revista *Actes de la Recherche en Sciences Sociales* em 1989, quando o autor estava em período de pós-doutorado junto ao Centre de Sociologie de l'Education et de la Culture, na França, com bolsa da Capes, e contou com sugestões de Pierre Bourdieu, Monique de Saint Martin e Louis Pinto. Por outro lado, o artigo não teria sido feito sem as contribuições de Sylvain Maresca, Rosilene Alvim, Afrânio Garcia Jr., Gilberto Velho, Moacir Palmeira, Yvonne Maggie, Lygia Sigaud e Soma Gonzaga, e sem a coleta de material no Brasil feita por Tomke Lask e Pedro de Moraes Bodé. O artigo também foi publicado na *Revista Brasileira de Ciências Sociais*, n. 20, out. 1992.
** Professor do Museu Nacional/Universidade Federal do Rio de Janeiro.

O fato de tratar-se de uma vila operária têxtil passou despercebido pela imprensa, que noticiou fartamente os acontecimentos de certa forma bizarros que se seguiram à morte daquele ex-jogador de futebol. Como por acaso, esse bairro assemelha-se bastante ao lugar mesmo onde ele nasceu e viveu até seus anos de glória esportiva: a vila operária de Pau Grande, pertencente à fábrica de tecidos América Fabril e situada em uma localidade rural nas cercanias da cidade do Rio de Janeiro. Na impossibilidade em que estava Garrincha de voltar a seu bairro natal, o subúrbio de Bangu apresentava provavelmente características familiares suficientes para se constituir em um refúgio durante os anos de declínio do ex-jogador. A morte acabaria por levá-lo de volta a Pau Grande. Este aparente acaso chama, de fato, a atenção para o peso decisivo exercido pelas relações incrustadas em configurações sociais — como certas vilas operárias — sobre toda a vida de Garrincha, como veremos no decorrer deste capítulo.

Do domingo, 16, à quarta-feira, 19 de janeiro de 1983, ele não parou de beber nos bares das vizinhanças. Tinha então 49 anos: eram decorridos 30 anos desde sua entrada no futebol profissional, 20 anos desde o auge de sua notoriedade e 10 anos desde sua tardia aposentadoria oficial. Quando ele finalmente voltou para casa, já passando mal, sua esposa — a terceira — pediu a ajuda de um de seus amigos, o ex-secretário particular de sua segunda mulher, a cantora Elza Soares. Este foi o único indício da presença desta mulher nos momentos finais do jogador. Ela teve, contudo, enorme importância em sua carreira profissional, após 1962. A primeira esposa, Nair, a antiga operária e colega de fábrica de Garrincha, já era falecida, mas sua família esteve muito presente no desenrolar do enterro, como de resto todos os moradores de Pau Grande.

Foi chamada uma ambulância do posto de saúde de Bangu, como já havia acontecido algumas outras vezes. Um tranqüilizante foi aplicado, e Garrincha foi levado para o sanatório Dr. Eiras, no bairro de Botafogo, onde já havia sido admitido três vezes. Essa rotina médica parece ter definitivamente transformado o célebre campeão em um pobre bêbado anônimo: em vez de trazer seu verdadeiro nome, Manuel Francisco dos Santos, a ficha preenchida no posto de saúde de Bangu e remetida ao sanatório traz o nome de Manuel da Silva, uma variante próxima do anônimo "José da Silva". Esse erro revelador corrobora a própria tendência à autodestruição de Garrincha. Ele estava realmente no ponto mais baixo da queda que se seguiu às copas do mundo de 1958 e 1962, nas quais se consagrou como o maior jogador brasileiro, junto com Pelé. E assim, como um vulgar Manuel da Silva, Garrincha foi admitido no hospital, às 20h, em coma alcoólico. Ele não recebeu nenhum tratamento médico particular, sendo descoberto morto às 6h da manhã.

Assim que o falecimento foi noticiado, as crianças do bairro, que estavam em suas férias de verão, começaram a circular em torno da capela do hospital, junto com os empregados e as enfermeiras. Às 10 horas da manhã, o corpo foi transferido para o Instituto Médico Legal, para autópsia. A imprensa assinalou então a presença de sua última mulher, que já era viúva de um jogador pouco conhecido e vivia com Garrincha há seis anos, de Agnaldo Timóteo, o popular cantor de boleros, eleito deputado federal dois meses antes, muito ligado ao clube Botafogo, de um dirigente da CBF, do produtor do filme *Garrincha, alegria do povo* e de dois ex-jogadores famosos.

Um deles, Ademir Menezes — centroavante da seleção nacional de 1950 e dirigente da Associação de Atletas Profissionais —, propôs que o enterro fosse realizado no novo cemitério elegante, o Jardim da Saudade, onde Garrincha inauguraria o mausoléu da associação. Por outro lado, Nilton Santos — lateral-esquerdo da seleção nas copas de 1954, 1958 e 1962, antigo companheiro de time de Garrincha no Botafogo e na seleção, seu compadre,[1] além de ser, mais que tudo, seu "padrinho" no futebol profissional — insistia para que o morto fosse sepultado no cemitério de Pau Grande, de acordo com seus últimos desejos. Sua autoridade de companheiro e protetor de Garrincha acabou decidindo a questão.

Perto do meio-dia, o corpo foi transferido para o estádio do Maracanã em um caixão luxuoso, que não se sabe se foi pago pela CBF ou pelo deputado Timóteo. O veículo, um caminhão do Corpo de Bombeiros, teve muito trabalho para atravessar a multidão comprimida na frente do IML, precisando parar por alguns minutos, sob aplausos. A decisão de velar o corpo no Maracanã não parece ter sido objeto de contestação, como acontecera em relação ao local do sepultamento. Havia consenso em torno da necessidade de reabilitar Garrincha, de desfazer simbolicamente a injustiça de um destino tão trágico, celebrando, assim, certas tradições e interesses que pertencem ao mundo do futebol, ainda que os últimos sejam divididos muito desigualmente pelos diversos atores da cerimônia. Dirigentes de clubes (os *cartolas*), antigos jogadores e torcedores de diversos times

---

[1] Nilton Santos era padrinho de um dos filhos de Garrincha.

estiveram presentes no velório, ocasião em que as rivalidades esportivas deram lugar a uma homenagem consensual (como foi visto em 1989, na Inglaterra, após o drama de Sheffield). O público fez fila para reverenciar o corpo.

Contudo, dois incidentes aconteceram naquele dia. O primeiro opôs a família de Garrincha à sua terceira mulher, acusada de ter parte da responsabilidade pela morte. Vimos aqui reproduzirem-se os conflitos que, em 1965, jogaram a família contra o segundo casamento de Garrincha, o que o fez deixar Pau Grande para viver com Elza Soares, consagrando, assim, um idílio iniciado durante a Copa do Mundo de 1962. A explosão teatral desse querer doméstica diante da multidão que velava o corpo prolongou a exibição permanente que a imprensa fizera da vida de Garrincha durante seus últimos anos. A polícia interveio para serenar os ânimos.

A segunda discussão surgiu quando um torcedor cobriu o caixão com a bandeira do Botafogo, time em que Garrincha jogara durante mais de 10 anos o seu melhor futebol. Um sobrinho do falecido rejeitou essa bandeira, alegando que Garrincha gostaria de ser enterrado sob as cores do Brasil. Percebemos aqui o ressentimento da família, partilhado por Elza Soares quando de seu casamento, contra o clube que o havia explorado através de contratos miseráveis, sem relação com a sua fama, e de jogos freqüentes demais, que ele só podia enfrentar com a injeção repetida de medicamentos em seus joelhos doentes.

Mais uma vez, Nilton Santos interveio para resolver a questão: ele conseguiu, não sem emoção, convencer a família a deixar sobre o caixão as duas bandeiras, que simbolizavam igualmente os momentos de glória de Garrincha. Nilton Santos representou, então, o elo entre seus companheiros de time, os campeões de 1958 e 1962, e uma tradição anterior encarnada por certos jogadores da Copa do Mundo de 1950, como Ademir Menezes e Barbosa, o goleiro negro daquela derrota. Sua presença no velório de Garrincha pôs em evidência a ausência de outros grandes nomes do passado, como Pelé, ou da época, como Zico ou Sócrates, que estavam engajados em uma nova forma de defesa associativa dos jogadores profissionais de futebol.[2]

Às 8h30min do dia 21 de janeiro, o corpo partiu para Pau Grande sobre o caminhão do Corpo de Bombeiros requisitado desde o transporte para o Maracanã.

---

[2] Esta nova geração de jogadores e sua relação com a profissão foram estudadas em Araújo (1980).

Sobre caminhões similares os campeões do mundo de 1958 haviam recebido os vivas da multidão carioca. Todas as torcidas organizadas de diversos clubes acompanharam o cortejo fúnebre. Ao longo de todo o percurso, bandeiras do Brasil e dos clubes pendiam das janelas, como durante os jogos decisivos do campeonato nacional e, é claro, da Copa do Mundo.

Desde a Copa de 1950, ocorrida no Brasil, o futebol desperta um interesse extraordinário, que só fez crescer com as vitórias de 1958 e 1962, agigantando-se com a vitória em 1970 no México, primeira a ser acompanhada ao vivo por milhões de telespectadores, que paravam de trabalhar na hora dos jogos. Em junho de 1982, uma enorme mobilização popular, com ruas decoradas e pinturas murais, ocorreu durante a Copa perdida na Espanha.[3] A diferença, no caso da morte de Garrincha, devia-se à predominância das classes populares no decorrer da manifestação e ao caráter insólito do trajeto, tratando-se do enterro de tamanha personalidade. Normalmente, na verdade, ainda que sejam de origem modesta, políticos, cantores ou compositores de música popular e atores de rádio e TV são todos sepultados nos cemitérios principais do Rio. Garrincha, por sua vez, foi levado a um cemitério da periferia, que ninguém poderia imaginar que um dia atrairia tamanha multidão de admiradores.

Na avenida Brasil, principal saída do Rio, margeada por armazéns comerciais, fábricas, bairros pobres e favelas, massas compactas de pessoas agrupavam-se, bandeiras na mão, sobre as passarelas de pedestres e sobre os viadutos. O trânsito estava totalmente paralisado, e os motoristas também se viram obrigados a ver passar a procissão. A concentração humana só faria aumentar à medida que o cortejo chegava ao município de Magé, cujos habitantes identificavam em si uma origem comum com Garrincha.[4] A partir da divulgação do enterro pela mídia, nas primeiras horas da manhã, milhares de pessoas partiram rumo a Pau Grande,

---

[3] O futebol é o esporte mais popular no Brasil: em 1978, de acordo com as estatísticas do Ministério da Educação, 48,6% dos atletas inscritos nas diversas federações esportivas eram praticantes de futebol, além de 10,3% que praticavam futebol de salão. A título de comparação, a natação chegava em terceiro lugar, com apenas 6,0% dos atletas, seguida pelo vôlei, com 4,8% (dados de 1992).
[4] Na verdade, a maior parte deles não tinha mais nada a ver com a população que lá habitava ao tempo de Garrincha; um grande processo de "periferização", ou, se preferirmos, de suburbanização, desenvolvera-se em torno dos antigos núcleos de população que constituíam então as vilas operárias, como Pau Grande.

de trem, ônibus, carro ou mesmo a pé, no caso dos habitantes da região. A partir da cidadezinha de Imbariê, a 20 km de Pau Grande, o tráfego estava consideravelmente mais lento, em função da afluência de carros e pedestres. Muitos abandonavam seus veículos e continuavam a pé, radinho no ouvido, acompanhando o acontecimento pela transmissão de rádio, como quando iam a um estádio assistir a um jogo. Trens suplementares foram fretados e os condutores paravam suas máquinas perto do cemitério, tocando o apito. Um cartaz preso a uma árvore na entrada de uma fábrica das proximidades proclamava: "Garrincha, você fez o mundo sorrir e agora o faz chorar".

O cortejo, que levara mais de duas horas para percorrer os 65 km desde o Maracanã, parou primeiro na igreja de Pau Grande para um ofício fúnebre. A igreja, edificada em 1910 pela fábrica de tecidos América Fabril, com capacidade para 500 fiéis, foi invadida por uma multidão estimada em 3 mil pessoas. A entrada do caixão na nave fez a tensão aumentar tanto que o padre julgou impossível celebrar a missa prevista, contentando-se em benzer o corpo. Os próximos de Garrincha, sua família e seus amigos de Pau Grande, foram relegados ao segundo plano pela invasão dessa multidão anônima, vinda de todo o Grande Rio. Mesmo assim, alguns deles tiveram uma participação mais ativa no desenrolar do sepultamento do jogador, como o seu antigo chefe de seção na fábrica, que tratou da materialização do enterro junto à administração do cemitério.

A mesma confusão da igreja repetiu-se no cemitério, ocupado por cerca de 8 mil outras pessoas desde a manhã. Havia pessoas sobre os túmulos, em galhos de árvores e até mesmo nos tetos das casas da vizinhança. A cova havia sido aberta na última hora, tratando-se apenas de um túmulo sem lápide, onde jazia um irmão de Garrincha. Os torcedores botafoguenses montaram guarda para não deixar os "de fora" entrar, nem mesmo sendo da família.

Quando o caminhão chegou, o caixão foi levado nos ombros de anônimos, provavelmente torcedores do clube, até o local do túmulo. E foi nesse momento que descobriram que a cova não era grande o suficiente para acolher o luxuoso caixão. Todas as vicissitudes dos enterros populares eram evidentes nessa cerimônia improvisada, perturbada pela afluência desproporcional ao local: faltou terra para cobrir o caixão; além de flores já murchas, jogou-se na cova capim cortado nas proximidades do cemitério pela população local. Os torcedores do Botafogo entoaram o hino nacional, sendo logo acompanhados pela assistência; em seguida veio o hino de seu clube, cantado por menos pessoas. Eram 13h30min quando a multidão e a imprensa se retiraram, deixando o cemitério semidestruído.[5]

Uma canção de gesta midiática

Podemos afirmar que a mídia originou as manifestações populares, pois a rapidez com que a notícia do falecimento de Garrincha foi divulgada e a carga emocional que nela foi investida contribuíram fortemente para mobilizar a multidão de torcedores e adeptos do futebol. Mesmo assim, a amplitude dessas manifestações ultrapassou as previsões e tornou-se, por sua vez, um acontecimento de importância jornalística. Seu caráter estranho e inusitado foi registrado pela imprensa e reforçou a necessidade de explicar *a posteriori* toda a vida de Garrincha.

Na verdade, sua morte inverteu a inclinação descendente de uma vida que chegara ao último grau da humilhação, a uma verdadeira morte social, recolocando subitamente em evidência seus triunfos passados e sua lenda de herói do futebol brasileiro. Tudo aconteceu como se alguns setores da imprensa, desde os repórteres esportivos mais conhecidos até certos jornalistas políticos importantes, tivessem tomado essa vida para construir uma verdadeira canção de gesta moderna, pela interposição da mídia.[6] Na semana seguinte, os principais jornais do Rio e de São Paulo publicaram longos artigos sobre Garrincha em suas melhores páginas. Os mais célebres cronistas esportivos escreveram sobre ele ou desenterraram antigos artigos. O então diretor de jornalismo da TV Globo, Armando Nogueira, antigo comentarista esportivo, republicou no *Jornal do Brasil* sua "crônica preferida", em que defendia a realização de um jogo de despedida para Garrincha, em "reverência e reconhecimento à obra de um herói".

Esse empreendimento tornava-se ainda mais necessário porque, ao contrário de grandes nomes da política, da economia ou da cultura, que falam ou escrevem a respeito de si mesmos, ou mesmo de um campeão como Pelé, que encomendou a jornalistas livros autobiográficos traduzidos em todo o mundo,

---

[5] Uma forte chuva de verão, caída logo depois, dispersou a terra que cobria o caixão. Apenas alguns dias mais tarde Nilton Santos, alertado pela imprensa, voltou ao local e pôde melhorar o sepulcro.
[6] Inspiramo-nos livremente na análise feita por Duby (1984), partindo das cerimônias de sepultamento de Guillaume le Marechal e da constituição em seguida da canção de gesta em sua homenagem.

Garrincha era um homem lacônico, que só falava, por assim dizer, com o seu corpo, com o seu jogo. Exatamente por caracterizar-se por um estilo particular, pelo amor ao jogo pelo jogo e por uma ausência aparente de estratégia em sua carreira profissional — coisas que o faziam parecer "puro" ou "ingênuo"—, ele não tinha um discurso público sobre nada, nem mesmo sobre o futebol.

Assim, no dia 23 de janeiro de 1983, quando muitas crônicas a seu respeito foram publicadas, o *Jornal do Brasil* publicou extratos de uma das suas raras entrevistas radiofônicas, com participação de diversos jornalistas esportivos; era um discurso pessoal, mas não desvelava o mistério em torno de sua vida. O jornal concorrente, *O Globo*, preferiu conformar-se com o silêncio do jogador e publicar no mesmo dia uma longa entrevista "exclusiva" com seu "porta-voz autorizado", seu compadre Nilton Santos, que, ao contrário de Garrincha, fornece muita informação. Por sobre o silêncio de Garrincha intervém também uma abundante literatura interpretativa produzida por jornalistas, mas também por escritores-cronistas de futebol, como Nelson Rodrigues, ou poetas e cronistas, como Carlos Drummond de Andrade, Vinícius de Moraes e Paulo Mendes Campos. O resultado mais famoso da utilização de Garrincha como matéria-prima da arte ainda é o filme *Garrincha, alegria do povo,* cujo título faz alusão à conhecida cantata de Johann Sebastian Bach, *Jesus, alegria dos homens.* Esta expressão ficou desde então associada ao jogador, sendo retomada na maior parte das manchetes que anunciaram a sua morte.

Nos diversos balanços jornalísticos dessa vida tão conhecida e, ao mesmo tempo, tão misteriosa, algumas questões sempre vêm à baila. A primeira diz respeito à importância específica de Garrincha para o futebol. Outra trata de como ele pôde atingir esta situação apesar de as circunstâncias serem tão desfavoráveis. Essas interrogações sobre a originalidade de seu estilo de jogo e seu comportamento "fora do campo" conduzem todas à sua origem social, ao famoso caráter "camponês" de que falava Araújo Netto, jornalista político e correspondente em Roma do *Jornal do Brasil.* Comparado a Carlitos (após uma crônica escrita em sua homenagem por Carlos Drummond de Andrade) devido aos efeitos cômicos de seu futebol, Garrincha, como o personagem de Chaplin, realmente aparentava uma "simplicidade" muitas vezes atribuída a suas origens populares, através de observações em muitos casos eivadas desse etnocentrismo de classe tão freqüente nas descrições jornalísticas de acontecimentos ou fenômenos relativos às classes populares brasileiras.

Ele tanto era visto como o campeão carismático de um futebol inesperado e único, quando visto como jogador em ação, quanto era reduzido às suas origens, quando visto como símbolo social, passando então por um simples camponês que chegara por acaso na competição profissional, onde se comportava na melhor das hipóteses como um simplório e na pior como um débil mental. Ainda que tivesse sido pressentida, a ligação entre o seu estilo de jogo e o seu pertencimento social nunca foi pensada de maneira explícita, e a questão ainda permanece: em que a sua maneira de jogar trai ou evoca — mais do que a de seus colegas de profissão — essa famosa origem popular, compartilhada, no entanto, pela maior parte dos jogadores brasileiros de sua geração?[7]

Um estilo de jogo imprevisto e desconcertante

Garrincha entrou para o futebol profissional em 1953, aos 19 anos de idade. Até então, ele jogara no time amador principal da fábrica por quatro anos. Em um dos campeonatos disputados entre fábricas e empresas no interior do estado do Rio, ele foi notado por um *olheiro*,[8] antigo jogador do Botafogo,

---

[7] Indagações semelhantes a essas — a saber, a relação entre a contribuição artística de um indivíduo consagrado como um "gênio" e as características de sua pessoa e seu pertencimento social — são colocadas por Norbert Elias em seu manuscrito sobre Mozart, recentemente publicado de forma póstuma: "Assistimos freqüentemente à enunciação da idéia de que a maturação de um 'talento genial' seria um processo 'interior', automático, que seria acionado de alguma maneira, independentemente do destino humano do indivíduo considerado. Esta idéia é ligada a outra, segundo a qual a criação das grandes obras-primas seria independente da existência social de seus autores — em outras palavras, de seu percurso e de sua experiência de homem entre os homens. Assim, um grande número de biógrafos de Mozart tende a pensar que a compreensão do artista, e, portanto, de sua arte, poderia se separar da compreensão do ser humano. Esta separação é artificial, enganosa e inútil. (...) No caso de Mozart — em oposição, por exemplo, ao de Beethoven —, a relação do 'homem' com o 'artista' foi especialmente perturbadora para muitos pesquisadores, pois a sua imagem, ou seja, a que se ressalta nas cartas, relatos e outros testemunhos, é dificilmente conciliável com a visão ideal preconcebida que temos do gênio". Os mistérios do músico e do homem Mozart são depois desvendados por Elias, ao relacionar este homem com sua experiência peculiar das relações sociais específicas construídas na sociedade de *corte*, à qual este autor atribui tanta importância em suas análises de sociologia histórica do que ele chama de *processo de civilização*. Para mais informações, ver Elias (1991).
[8] Um desses agentes dos clubes profissionais que procuram jovens talentos esportivos. Ele não foi o único olheiro a descobrir Garrincha, mas foi o único a ser lembrado pela historiografia jornalística, por ser por seu intermédio que o jogador finalmente chegou à primeira divisão.

que lhe deu uma carta de recomendação, para que ele pudesse treinar no clube. Garrincha, portanto, seguiu o mesmo trajeto de todos os jovens operários ou crianças de origem popular, que começam jogando *pelada* — ou jogos de bairro, disputados em qualquer campo, com qualquer tipo de bola, muitas vezes de pés descalços, de onde vem o nome —, passando em seguida a times organizados, a partir dos quais, se conseguirem fazer-se notar pelo futebol ou se mobilizarem alguma relação social, podem pretender tentar a sorte ou treinar em um time da primeira divisão.[9]

Antes de chegar ao Botafogo, Garrincha apresentara-se em dois outros grandes clubes do Rio, o Vasco da Gama e o Fluminense, que o recusaram por razões médicas e por seu tipo "camponês". Ele realmente apresentava uma deformação nas pernas, que lhes dava a forma de dois arcos paralelos curvados para a esquerda, como se houvessem sido atingidas por uma enorme rajada de vento.[10] Em função talvez dessa dupla recusa ou, ainda, como ele afirmou posteriormente, devido ao fato de seus horários de trabalho como operário o impedirem de treinar durante a semana em um clube distante, Garrincha só se apresentou ao Botafogo um ano após receber a carta de apresentação do olheiro.

Nesse clube, onde a recomendação foi levada a sério, ele foi submetido ao rito de iniciação dos candidatos a jogador, que consistia em um teste no campo com os membros do time principal. Seu desempenho então faz parte de seu mito de origem. Colocado como ponta-direita, ele encontrou diante de si Nilton Santos, o lateral-esquerdo da seleção brasileira, cuja celebridade ele ignorava por completo. E, não contente em driblá-lo muitas vezes seguidas, ainda achou um meio de passar a bola por entre as suas pernas. Nilton Santos pediu imediatamente ao treinador que o contratasse, para não ter o azar de enfrentá-lo um dia com as cores de outro clube.

Seu primeiro jogo profissional só fez confirmar os resultados do teste: entrando no segundo tempo, com o seu time perdendo, ele conseguiu virar o jogo

---

[9] Ver o estudo de Simoni Guedes (1982), que se baseia nas histórias de vida de trabalhadores que tiveram relação com o futebol de bairro e com o esporte profissional na vila operária de Bangu.
[10] Entrevistado no filme *Garrincha, alegria do povo*, um professor de traumatologia, membro da direção do Botafogo, afirmava, com o apoio de radiografias, que o jogador apresentava um "desvio bilateral de ambos os membros inferiores". Garrincha, por sua vez, declarava só haver descoberto a deformação de suas pernas pelos jornais, após ingressar no futebol profissional.

ao marcar dois gols. A partir desse momento, ele passou a desempenhar um papel importante na ascensão do seu clube, que ganhou o Campeonato Carioca de 1957. Consagrado o melhor jogador da competição, Garrincha foi chamado no ano seguinte para a seleção nacional, que partia para a Copa do Mundo na Suécia.

O traço mais notável de seu jogo é uma certa reinvenção do estilo do ponta-direita. Atuando ao longo da linha lateral, este último é geralmente lançado pelos jogadores do meio de campo; ele então corre para a linha de fundo, tentando ultrapassar o lateral esquerdo, ou qualquer outro jogador adversário que o confronte, para poder centrar. Garrincha, no entanto, freqüentemente levava ele próprio a bola desde a metade do campo. Além disso, tinha um drible para a direita, sempre o mesmo, que, ainda que previsível, não era menos imbatível. Garrincha atraía, chamava o adversário e o driblava, muitas vezes seguidas, em uma série de duelos nos quais geralmente era vencedor, o que divertia muito o público, mas, mais que tudo, desorganizava e desmoralizava o time adversário:

> As pernas em arco, curvadas para o mesmo lado, quase as de um aleijado, sequer deveriam permitir-lhe caminhar direito, alterando tão radicalmente o eixo de seu corpo, desequilibrando-o para a direita, na certa deveriam fazê-lo cair toda vez que tentasse correr. E, no entanto, esse antiatleta, desafio à medicina esportiva, era um fio de prumo, um homem que só caía quando derrubado. E que, pelo contrário, desequilibrava os outros. Como explicar esse fenômeno?[11]

A eficácia do drible de Garrincha parece ligada à sua estranha compleição física, mas também à sua enorme capacidade de aceleração. O mais espantoso era a lentidão com que ele levava a bola, a sua maneira de parar completamente em frente ao adversário para subitamente arremeter e, graças à sua impulsão extraordinária, passar de uma aparência de desequilíbrio a uma corrida que desequilibrava o jogador adversário, parando novamente com o pé sobre a bola, enquanto o adversário continuava, levado pela inércia. Outros jogadores investiam então, e Garrincha sabia explorar imediatamente a brecha aberta na defesa adversária.

---
[11] *Jornal do Brasil*, Rio de Janeiro, 21 jan. 1983.

Usando uma analogia militar, os jornalistas esportivos falavam sobre um estilo de "guerrilheiro":[12]

> Vinha cá na intermediária, recolhia a bola: velocidade zero. Num segundo, dava-se o arranque, um metro adiante, aquela explosão muscular lançava-o no espaço com a leveza de um passarinho (...). Bastava frear o corpo, arrancar de novo pela direita, e lá se ia por terra o equilíbrio universal dos laterais. Saibam os matemáticos que muitas vezes ele parecia deixar no meio do caminho, às quedas, seu próprio centro de gravidade: e continuava de pé, pela direita, fluente como uma queda d'água. Lançado no processo do drible, transfigurava-se: era Chaplin, esculpindo no vento uma sucessão maravilhosa de gestos cômicos; era o toureiro, inventando verônicas que a multidão saudava, cantando olé; era São Francisco de Assis, engrandecido na humildade com que sofria os pontapés do desespero.(...) Chegava à linha de fundo, os beques cercando a área, o espaço minguando... um metro, meio metro, "ele não tem mais campo, vou dar o carrinho agora". Amarga ilusão: para um drible dele, a superfície de um lenço era um latifúndio. E o centro, meia distância, rasteiro ou aéreo, punha a bola aos pés do artilheiro.[13]

A particularidade de Garrincha está nesse estilo de pelada, fugindo às regras tácitas e à tensão da competição, ainda que posto ao serviço de um jogo altamente competitivo. Ao contrário de Didi, o grande meio-de-campo negro do Botafogo, de Pelé, de Zizinho, ou, mais tarde, de Zico, todos estilistas brilhantes, Garrincha tinha um enorme desempenho sob as aparências do divertimento.[14] Mas pela

---

[12] Sem prejuízo da comparação detalhada que será feita mais adiante com Pelé, podemos assinalar aqui que seus estilos eram muito diferentes: Garrincha procedia pela "emboscada", saindo dos córneres, enquanto Pelé investia pelo centro como a "cavalaria ligeira", enfrentando seus adversários em movimento contínuo, explorando a sua impulsão para avançar e ultrapassá-los, no limite da queda.
[13] Nogueira, 1983.
[14] Não podemos afirmar que ele se divertia tanto quanto o público... "A cara de Garrincha, séria, grave mesmo. E mais séria e mais grave quanto mais gargalhadas despertava. Como se não compreendesse, ou compreendesse menos do que ninguém o que estava acontecendo. Era o que explicava a incolumidade de Garrincha. Outro que fosse fazer o mesmo faria uma vez. Na segunda tomaria um bofetão. Muito jogador, depois de derrubado por Garrincha, levantava-se para brigar. Mas se desarmava vendo um Garrincha desajeitado, humilde, quase

maneira implacável com que perfurava as defesas adversárias, reproduzindo sempre o mesmo jogo de dribles e fintas, ele revalorizava sua posição de ponta, que não era tão evidenciada quanto a dos meios-de-campo.

Na Suécia, Garrincha fez uma entrada estrondosa na cena internacional, quando do jogo contra a União Soviética: desde o começo do jogo, ele usou tranqüilamente seu drible para avançar e recuar, sempre sério, ainda que todo o público estivesse rindo, antes de partir rumo à linha de fundo, de onde ele centrava ou chutava ao gol de maneira muito perigosa para o goleiro russo.[15] No jogo final contra a Suécia, os dois primeiros gols do Brasil, que reverteram a vantagem inicial dos suecos, foram resultado de dribles de Garrincha na lateral direita seguidos de cruzamentos perfeitos para o centroavante Vavá.

Mas essa entrada em cena é igualmente significativa dos azares de sua carreira esportiva: mesmo que representasse uma arma poderosa, Garrincha ainda não tinha a confiança do treinador e dos dirigentes da seleção. O mundo futebolístico sabia de sua oposição surda a esses dirigentes, que tentavam submetê-lo a seus próprios esquemas táticos. Foi apenas no terceiro jogo, após um empate com a Inglaterra, que uma comissão de jogadores experientes (Nilton Santos e Didi, entre eles) obteve a entrada de Garrincha e Pelé (cuja inexperiência era temida: ele só tinha 17 anos). Assim, Garrincha precisou refazer suas provas, do mesmo modo que em 1953, ao tornar-se jogador profissional; demonstrar mais uma vez sua competitividade, a eficácia de um estilo de jogo aparentemente amador e, mais ainda, sua capacidade de criar um estilo original.

---

pedindo desculpas. O jeito era sair para outra. Tentar, inutilmente, mais uma vez, tomar a bola de Garrincha, para de novo cair mais uma vez, de pernas para o ar, e provocar a gargalhada da multidão" (Filho, 1964:384). A fisionomia de Garrincha e sua seriedade no jogo inclinariam mais a compará-lo a Buster Keaton, "o homem que nunca sorri", que a Charles Chaplin. Além disso, o fim miserável de sua vida só faz reforçar a pertinência da comparação.

[15] "O soviético Boris Kuztnetsev entrou para a história, no dia 15 de junho de 1958, como o primeiro *João* da carreira de Garrincha. A partir desse dia, *João* serviu para designar todos os jogadores encarregados de marcá-lo. Eles eram todos intercambiáveis, sem distinção de time nem de nacionalidade, e nenhum deles conseguia parar Garrincha" *(Folha de S. Paulo*, 20 jan. 1984). A imprensa, nesse caso, apenas retomou e popularizou uma expressão de Garrincha, que ele usava basicamente para exprimir sua indiferença quanto às tramas do futebol e à rivalidade entre jogadores. Deste ponto de vista, o primeiro *João* de sua carreira foi Nilton Santos, que ele ridicularizou quando do teste no Botafogo.

O racismo no futebol dos anos 1950

Por trás das prevenções contra a imprevisibilidade de Garrincha ou a inexperiência de Pelé parecem esconder-se também antigas crenças sobre a fragilidade dos jogadores negros em competições internacionais. E foi a um "enegrecimento" progressivo da seleção que assistimos durante o desenrolar da Copa do Mundo de 1958, inicialmente no ataque e depois na defesa, com a entrada de Djalma Santos, que já fora o lateral direito da Copa de 1954. A participação de Garrincha nessa vitória e na de 1962 (para a qual Pelé, contundido no segundo jogo, contribuiu pouco) simboliza nitidamente o feito desse conjunto de grandes jogadores: fazer esquecer as duas derrotas precedentes, assim como os preconceitos que haviam então servido de explicação. Certamente não foi por acaso que muitos jogadores da Copa de 1950 estiveram presentes no funeral de Garrincha, enquanto vários contemporâneos seus e atletas então em atividade não compareceram.

Como mostraram Guedes, DaMatta e Vogel, a final perdida em casa em 1950, contra o medíocre time uruguaio, quando os brasileiros eram os favoritos após uma competição brilhante, levantou discriminações dissimuladamente racistas contra o lateral esquerdo Bigode e o goleiro Barbosa, dois negros que serviram de bode expiatório, por terem tido o azar de contribuir para os dois gols do time adversário. Esta derrota — certamente vivida como "uma das maiores tragédias da história contemporânea do Brasil", segundo a expressão de Roberto DaMatta, por ter sido percebida coletivamente como a perda de uma chance histórica de finalmente escapar da posição de povo destituído — funcionou como metáfora das outras derrotas da sociedade brasileira, trazendo de volta as velhas teorias racistas sobre as causas do atraso dessa sociedade.[16]

Ela até mesmo serviu de ponto de partida e base empírica para obras que consideravam o futebol um "laboratório", onde seriam vistas operando imediatamente as principais características do povo brasileiro.[17] O melhor exemplo é dado pelos dois livros de João Lyra Filho, que se define como "cientista social". Este

---

[16] Ver DaMatta, Flores, Guedes e Vogel (1982). Os trabalhos coordenados por Roberto DaMatta analisam a especificidade social do futebol, no qual os autores vêem uma dramatização da sociedade brasileira, revelando alguns de seus aspectos e dissimulando outros.
[17] Retomo aqui as análises desenvolvidas por Simoni Guedes (1988) sobre essa literatura.

antigo conselheiro do Tribunal de Contas, professor e ex-reitor da Universidade do Estado do Rio de Janeiro, foi dirigente esportivo e chefe da delegação brasileira na Copa do Mundo de 1954.

Chamando-se justamente *Taça do Mundo de 1954* e publicado nesse mesmo ano, seu primeiro livro retomava o relatório que ele fizera à CBF para responder às críticas da imprensa. O segundo, publicado em 1973 e intitulado *Introdução à sociologia dos esportes*, destinado, portanto, a outro público, reformulava ainda assim a essência das teses do primeiro, alimentadas por suas próprias observações como chefe de delegação e por alguns documentos, como os bilhetinhos repletos de erros de ortografia que os jogadores lhe remetiam durante a competição. Ele empreendeu uma comparação entre os jogadores brasileiros e os húngaros, que haviam tirado o Brasil da disputa ao ganharem de 4 a 2 nas quartas de final. Traçando um paralelo com esses jogadores, que ele considerava os europeus por excelência, o autor ressaltava que os brasileiros sempre estavam do lado dos instintos contra a razão e do lado da imaturidade e da instabilidade nervosa, em oposição à maturidade e ao autocontrole, e que, finalmente, esses defeitos eram o produto da mestiçagem e herança da raça negra.

Foi, portanto, em uma conjuntura em que essas explicações eram respeitadas por dirigentes do futebol brasileiro que apareceu Garrincha. Mas seu senso prático do jogo baseava-se no sentido contrário ao dessas análises e dos fatos em que deveriam estar fundadas. Esse homem de pernas tortas traz em seu corpo e em sua compleição física todos os estereótipos do brasileiro pobre, fazendo-se notar até mesmo entre seus companheiros de time, cuja origem era assemelhada. Mas do mesmo modo que ele transformou uma suposta deficiência física em um capital físico, inverteu também certos traços socialmente estigmatizados em um sentido do jogo imprevisto e desconcertante. Garrincha encarnou ao exagero as características, marcas e sinais em que se baseavam as ideologias racistas e o etnocentrismo de classe, fazendo deles os elementos indispensáveis ao sucesso de seu estilo de futebol.[18]

---

[18] As explicações mais ou menos intencionalmente racistas sobre as peculiaridades do futebol brasileiro não eram uma exclusividade dos dirigentes esportivos brasileiros, tendo formulações correspondentes internacionais como esta, publicada em 1954: "O jogo dos brasileiros é aquele que nos parece ter atingido o mais alto grau de refinamento. Suas equipes compreendem um grande número de jogadores de cor, que praticam um futebol instintivo, um futebol

Sentido de jogo e *habitus* de classe

Após a morte de Garrincha, o mistério permanecia inteiro para a imprensa, que sempre reduzira as qualidades desse corpo em ação a um fato único, de ordem individual, ao produto de um dom, de uma espécie de genialidade, ou apenas simplesmente a uma "natureza". Contudo, podemos ver a excelência toda pessoal do jogo de Garrincha como uma eficiente transformação e reconversão de um estilo de amador dentro do futebol profissional. Esse jogador, na verdade, é fruto de uma tradição operária de futebol amador, estimulada e praticada dentro de instituições esportivas geridas pelas fábricas ou empresas.

Tudo indica que as empresas, especialmente as indústrias, desempenharam um papel importante na propagação do futebol no Brasil. A historiografia desse esporte sustenta ter sido o brasileiro de origem inglesa Charles Miller o introdutor, em 1894, do futebol no país: ao voltar de período de estudos na Inglaterra, ele trabalhou pela adoção do jogo pelos membros de clubes ingleses de São Paulo. O São Paulo Athletic Club criou o primeiro time de futebol do país, mobilizando executivos britânicos da Companhia de Gás, do Banco de Londres e da São Paulo Railway. Uma segunda formação nasceu entre os filhos da alta burguesia nacional que estudavam no Mackenzie College, em São Paulo. Logo muitos clubes reservados para as elites adotaram o futebol, além de outros que foram criados a partir da virada do século, como o Fluminense Football Club, no Rio.

---

no estado de natureza, poder-se-ia dizer, tanto seus movimentos, gestos, mobilidade são fáceis e desenvoltos. O que nós tornamos por refinamento não é senão a expressão de suas aptidões naturais, de um gosto inato pela manipulação da bola. As qualidades de flexibilidade das quais fazem prova são bem as de sua raça. Não é questão por conseguinte de rivalizar com eles neste domínio. É por meio de outras qualidades que é conveniente combatê-los, por uma ação mais direta, por um sentido mais objetivo, um espírito mais realizador, pois na sua preocupação de demonstração e de busca da realização teatral, é bem verdade que esses brasileiros esquecem bem freqüentemente o essencial do jogo, isto é, a conquista do gol, em uma palavra o resultado. (...) Esta preocupação [marcar gols] parece secundária entre os brasileiros, embora nas suas excursões pela Europa sejam na maioria das vezes vitoriosos, e que este fato consagra o grande mérito de sua técnica" (Mattrice Pefferkorn, *Les écoles de football*, Genebra-Zurique, Kister-Schmidt, citado em Wahl, 1990). É curioso que o livro do historiador francês Alfred Wahl sobre a história do futebol cite, na sua parte final de "testemunhos e documentos", o trecho da versão em francês do artigo aqui reproduzido, no qual é descrito o drible de Garrincha e é citada a crônica de Armando Nogueira (p. 27), quase em seguida à citação de Pefferkorn, sem preocupar-se em comentar criticamente o racismo implícito nesta última citação (crítica, no entanto, disponível neste texto).

Até os anos 1940, muitos clubes, o Fluminense inclusive, recusavam-se a aceitar jogadores negros, até mesmo após a criação do futebol profissional. Alguns, por outro lado, como o Bangu Atlético Clube, fundado em 1904 pelos empregados ingleses da fábrica de tecidos Bangu, no subúrbio carioca, recorreram rapidamente a esportistas de origem popular, por não terem como compor times inteiramente ingleses. Foi assim que assalariados brasileiros, majoritariamente operários, começaram a treinar no Bangu, abrindo as primeiras perspectivas de carreira de operário-jogador. Em seguida, os outros clubes passaram a ter necessidade de ir aos subúrbios, onde o futebol era cada vez mais praticado, para contratar jogadores em times de bairro, de fábricas ou de empresas. Em Pau Grande, mais especialmente, a fábrica de tecidos da Companhia América Fabril — que possuía quatro outras instalações apenas na cidade do Rio de Janeiro — começara desde 1919 a montar times de futebol através da associação de trabalhadores, em estreita ligação com a administração.[19]

A rede de ligas que se formara de modo disperso desde o começo do século passou a ser controlada pelo Estado em 1941, apesar das opiniões conflitantes sobre se deveria ser mantido o amadorismo do esporte ou, ao contrário, se ele deveria ser ainda mais profissionalizado. Esta organização centralizada é apenas uma das manifestações da constituição de um campo especializado do futebol, que, especialmente graças às transmissões radiofônicas a partir dos anos 1930, se tornara o primeiro esporte de massa. Desse momento em diante, seria possível atingir o futebol profissional diretamente pelo futebol, e esta autonomização crescente permitiria carreiras fulgurantes, ainda que excepcionais, como a de Pelé, campeão do mundo em 1958 com 17 anos de idade.[20]

---

[19] Ver Von Der Weid e Bastos (1986). Durante nossas pesquisas no Nordeste, pudemos observar, por exemplo, que desde 1940 as indústrias açucareiras de Pernambuco mantêm um campeonato de futebol entre elas (ver Lopes, 1976). A Companhia de Tecidos Paulista (ainda em Pernambuco), a maior fábrica de tecidos do Brasil durante os anos 1930-40, empregando na época entre 10 mil e 15 mil trabalhadores, tinha vários times de futebol diferentes desde os anos 1920, tendo construído em 1930 um pequeno estádio para seu campeonato interno (ver Lopes, 1988). Informações adicionais sobre o Sport Clube Pau Grande e outros times da região de Petrópolis, onde existiam várias fábricas têxteis e onde também jogou Garrincha, estão no ricamente ilustrado nº 1.072 de *Placar*, de junho de 1992, dedicado ao ex-jogador.
[20] Sobre a história social do futebol no Brasil, ver Filho (1964). Esse livro foi escrito em 1947, com prefácio de Gilberto Freyre, e completado em 1964 para relatar as mudanças ocorridas em função das copas do mundo de 1950 a 1962. Ver igualmente Lever (1983) e Santos (1981).

Ainda que a imagem que o público faz das origens de Garrincha não corresponda à de um operário, mas sim à de um camponês ou de um (bom) vagabundo, sua juventude foi de fato a de um operário do setor têxtil, nascido em uma família que habitava uma vila operária em meio rural.[21] Tais precisões parecem importantes para elucidar os "mistérios" de seu futebol livre e imprevisto. Estes podem, na verdade, ser eficazmente relacionados com os mistérios da vida social cotidiana do grupo operário de onde ele proveio, pois um dos enigmas próprios aos trabalhadores habitantes dessas cidades "paternalistas" com caráter de "instituição total" é que, ao olharmos mais de perto, descobrimos terem eles uma certa mobilidade, indisciplina e "liberdade", exercidas no próprio interior desse modo de dominação patronal que, além da produção industrial, controlava toda a vida social. Até mesmo dentro da fábrica, uma certa indisciplina e uma "cultura de oficina" podem desenvolver-se, parecendo quase indispensáveis para a boa gestão da produção.[22]

Além disso, graças à exploração autônoma de recursos oferecidos pela empresa — como a concessão de roçados operarários ou de terrenos para cultivo, o uso das matas ao redor para fins materiais (lenha) ou para lazer (caça, especialmente de pássaros) —, esses operários, geralmente de origem camponesa, beneficiavam-se de condições de vida mais favoráveis do que poderíamos presumir, tendo em vista apenas os seus empregos industriais. Outras estruturas ainda estavam à sua disposição, como assistência médica, associações religiosas, grupos folclóricos e essa instituição urbana que é o clube de futebol.

Garrincha seguiu, portanto, o mesmo caminho de tantos outros trabalhadores empregados em fábricas possuidoras de vilas operárias. Nascido em uma família inteiramente voltada para a empresa, seu próprio nome mudou ao entrar para a fábrica. De Manuel dos Santos, instigado por seu chefe de seção, ele se tornou Manuel Francisco dos Santos, retomando o nome de batismo de seu pai,

---

[21] Uma parte importante das cerca de 300 fábricas com que contava a indústria têxtil brasileira nos anos 1940 comportava vilas operárias (como, aliás, muitos outros setores industriais), muitas das quais isoladas em meio rural ou em subúrbios distantes. Só em Magé, três outras fábricas de tecidos coexistiam com a da América Fabril, que empregava então 1.200 operários (ver Comissão Executiva Têxtil, 1946).
[22] Ver Willis (1978), Alvim (1985) e Alvim e Lopes (1990).

Amaro Francisco dos Santos, para evitar confusões com os outros Manuéis dos Santos da seção.[23]

Algumas biografias publicadas pela imprensa, assim como o comentário do filme *Garrincha, alegria do povo,* indicam que, graças à sua performance no futebol, Garrincha escapou de ser demitido. Efetivamente, ele foi rapidamente notado como um bom jogador, podendo, portanto, seguir esta espécie de carreira informal prevista nas fábricas para os operários-jogadores, que passavam à margem dos conflitos com chefes e contramestres e, portanto, dessa valsa de demissões e recontratações que marcava o compasso da vida dos jovens trabalhadores das vilas têxteis.[24] Nessas condições, sua indisciplina e seu absenteísmo na fábrica, explorando ao extremo o lado lúdico da vida operária, eram tolerados em vista do começo promissor de sua carreira de operário-jogador, enquanto os outros jovens não tinham outra saída que não o aprendizado técnico disciplinado de uma profissão de operário que talvez pudesse lhes dar acesso aos postos de contramestre na fábrica.

Manuel Francisco dos Santos deveu seu apelido "garrincha" ao gosto marcado que manifestara desde a infância pela caça aos pássaros e sua criação em gaiolas.[25] Ao contrário das famílias camponesas, que inculcam desde muito cedo nos filhos o senso de responsabilidade e projeto para tudo o que diz respeito à exploração agrícola e ao trabalho que ela requer, as famílias operárias manifestam de maneira geral uma grande permissividade quanto ao lazer de suas crianças, como que compensando antecipadamente a fatalidade do excesso de trabalho industrial. E nas fábricas situadas no meio rural, esses divertimentos juvenis concen-

---

[23] Esse poder da administração fabril de manipular as certidões de nascimento com a ajuda dos tabeliães locais não é raro: em outras firmas têxteis, a confecção das certidões de nascimento no momento da entrada no trabalho permitia efetuar falsificações de idade para admitir meninos menores de 14 anos, violando a lei com a complacência de seus pais.
[24] Notemos que o presidente do Pau Grande Football Club era o seu chefe de seção na fábrica.
[25] "Garrincha" é um termo do Nordeste, região de origem de muitas famílias operárias de Pau Grande, inclusive a do jogador, designando um pássaro conhecido por outro nome na região rural do Rio. Sua estranheza afastou inicialmente os jornalistas esportivos que, em 1953, tentaram mudar o apelido do iniciante para "Gualicho", nome de um cavalo que acabara de ganhar o Grande Prêmio do Brasil. Mas, ao contrário de seu nome, que fora trocado pela fábrica em sua certidão de nascimento, seu apelido sobreviveu às variações tão ao gosto da imprensa esportiva.

tram-se particularmente em torno da utilização dos "recursos naturais" oferecidos pela empresa.

Na idade adulta, essa margem de liberdade poderia transpor-se para atividades mais "produtivas", desigualmente permitidas ou incentivadas pela fábrica, como o cultivo, solitário ou familiar, dos terrenos baldios ou dos roçados operários, os pequenos consertos, a "bricolagem" ou o artesanato — em suma, todas as formas de trabalhos suplementares ao trabalho assalariado.[26] Garrincha pertencia, portanto, a esse subgrupo de operários que investia muito tempo e motivações nas atividades menos controladas pela companhia — em oposição não apenas ao trabalho na fábrica, mas também à formação na escola criada pela empresa ou à participação em suas diversas obras sociais.

Os operários mostram-se hoje em dia nostálgicos dessa relativa liberdade que, em muitas fábricas, acabou em torno dos anos 1960, quando o patronato se desinteressou por tudo que não fosse diretamente ligado à produção industrial, tomando de volta as vantagens não-monetárias concedidas até então, muitas vezes ocasionando protestos e resistências que contribuíram para abalar a legitimidade de sua dominação paternalista.[27]

A força desses relatos nostálgicos mostra a ambigüidade dessa relação entre as concessões patronais e as práticas operárias: o observador pode ver interstícios, brechas ou contradições no sistema de dominação, permitindo às famílias operárias a "recuperação" em seu favor de algumas instituições paternalistas ou, ao contrário, ver nessa ilusão de recuperação e na satisfação atingida *a posteriori* pelos operários o grau último do sucesso de uma política social que visa minimizar frustrações e conflitos, organizando ao mesmo tempo uma superexploração eficaz.

Seja como for, durante seus anos de juventude, Garrincha pareceu ter encontrado seu equilíbrio, inicialmente como aprendiz e posteriormente como operário na fábrica, jogando com essa ambigüidade entre um mínimo de disciplina e assiduidade ao trabalho e um máximo de atividades paralelas, principalmente o

---

[26] Esses trabalhos suplementares são tratados como paradoxais atividades "independentes" ou como "ocupações acessórias" dos trabalhadores submetidos às fábricas com vila operária. Mais informações em Alvim e Lopes (1990) e Lopes e Silva (1979). Weber (1989) utilizou a categoria nativa *travail à côté* dos trabalhadores franceses para estudar essas atividades na França contemporânea.
[27] Lopes, 1988.

futebol, que, patrocinado pela fábrica, o recuperaria por sua vez para o *status* aceito de operário-jogador.

Alguns jornalistas esportivos, como vimos, percebiam o estilo de jogo e o comportamento de Garrincha como o de um camponês, apagando a vila operária na imprecisão de um fundo longínquo de paisagem rural. Outros observadores pareciam ver nele o milagre de inspiração produzido espontaneamente por uma criança pobre que jogava pelada.[28] Outro, finalmente, como Mário Filho (1964:390), supunha haver uma ligação entre o estilo de jogo de Garrincha e sua origem social, apesar de enfocar mais a prática infantil da caça, sem relação nenhuma com o universo social da vila operária:

> Só se compreende Garrincha identificando-o com o caçador. Ou, melhor, com a caça. Foram os passarinhos, as pacas, as gambás, que lhe ensinaram o melhor dele em futebol. O drible de Garrincha é fuga de bicho ou de um passarinho.

Ora, para além das evidências imediatas dessa natureza esportiva, que aparentemente não revelariam nada mais que uma personalidade publicamente conhecida e apreciada por uma forma de drible imitando os movimentos de esquiva instintivos dos animais, não seria também possível desvelar certos aspectos mais escondidos de uma identidade social,[29] no caso a presença dessa identidade tão ambígua de Garrincha no seio da vila operária? Não poderíamos efetivamente reconhecer em seu estilo de jogo, que provou a eficácia de um certo amadorismo na competição profissional, que revolucionou o drible e restaurou a importância do ataque pela ponta, que destruiu as táticas preestabelecidas pelos treinadores e suas escolas, que desmoralizou a defesa adversária fazendo gargalhar a multidão, mantendo ao mesmo tempo a seriedade e a humildade do pequeno artesão preso à sua obra, algumas das disposições mobilizadas por essa criatividade operária —

---

[28] Por esta ótica, o filme *Garrincha, alegria do povo* começa com cenas de crianças e jovens de classes populares disputando peladas na praia de Copacabana, na rua, em terrenos baldios, como se Garrincha encarnasse ao extremo essa paixão popular inata pela prática do futebol, não importa como. Um curto trecho do livro, aliás bastante interessante, de Janet Lever (op. cit.) acentua por seu lado esta inclinação populista ao reduzir o ponto de partida da carreira de Garrincha e seu término ao que ela chama de *"the slum"*, esta visão genérica do bairro pobre.
[29] Ver Bourdieu (1977).

limitada e tendencialmente desobediente, e em todo caso ambígua e circunscrita a certas atividades autônomas e marginais oferecidas pela cidade operária?

Garrincha nunca chegou a estar à vontade na situação de esportista profissional. Aos olhos dos amantes do futebol, a falta de jeito que ele mostrava na condução de sua carreira até mesmo reforçava a pureza de seu jogo. Se este último realmente fazia a "alegria do povo", é porque ele passava menos por um espetáculo produzido com meios profissionais, através do treinamento e da disciplina, do que por um sentido inato do "jogo pelo jogo", que poderíamos qualificar como um *habitus* feito corpo e jogo, e isto de uma maneira muito diferente da dos outros jogadores.

Seu melhor futebol durou apenas 10 anos, de 1953 a 1963, tendo como ápices a Copa do Mundo de 1962 — onde, na ausência de Pelé, ele foi a grande estrela do time brasileiro, chegando a ser considerado o melhor jogador do mundo pelos comentaristas especializados — e o Campeonato Carioca, ganho pelo Botafogo no mesmo ano, graças a uma de suas mais notáveis performances. Pouco depois, começou uma longa decadência, marcada pelo fracasso do Brasil na Copa do Mundo de 1966, e a relegação progressiva de Garrincha à segunda e, posteriormente, à terceira divisão. Exaurido por artifícios médicos que deveriam ajudá-lo a superar os problemas nas pernas, ele se esforçou desesperadamente para prolongar uma vida esportiva que nunca teve outro sentido que não o do "jogo pelo jogo", diretamente ligado à sua juventude.

Apareceu então o reverso da medalha: a exploração de sua carreira pelo mundo do futebol profissional, que o fez logo passar por um operário do esporte prematuramente acabado e que não sabia o que fazer de sua aposentadoria. Tudo se passou como se o modo de dominação patronal, que, no caso, havia permitido que se desenvolvesse em Garrincha esse *habitus* da criação ligado à cultura das vilas operárias, fizesse então sua revanche contra esse antigo súdito que dele se libertara parcialmente por intermédio do futebol. Pois é necessário frisar que o esporte encorajado por esse tipo de empresa era sempre apenas um lazer de amador, nunca podendo suplantar o trabalho na fábrica; que o próprio Garrincha interiorizara a tal ponto essa limitação de princípio que levou mais de um ano, depois de convidado, para tentar entrar para o Botafogo; e que, mesmo ao tornar-se um grande jogador profissional, continuou a desenvolver sua criatividade sem nunca perceber que ela pudesse desembocar em um projeto durável, como se a soubesse sempre submetida ao arbítrio patronal.

Em todos os momentos decisivos de sua carreira profissional, ele teve a sorte de contar com o apoio de outros jogadores, especialmente de Nilton Santos. A deferência e o respeito que ele devotava a este homem, que, mesmo sendo seu compadre, sempre desempenhou o papel de "padrinho" em sua vida, lembram a ascendência que tinham anteriormente sobre o jovem operário-jogador alguns dos seus chefes de seção, de quem dependiam o nome que ele usava e sua integração no time da fábrica. Essa ausência total de controle sobre a sua própria vida profissional levou-o a aceitar contratos lamentáveis com o Botafogo, sem nenhuma relação com a sua notoriedade.[30]

Na verdade, o paralelo entre a sua passividade diante do clube e a exclusão dos trabalhadores de Pau Grande das possibilidades de recurso contra a companhia têxtil por questões salariais ou condições de trabalho é reforçado pelo fato de que até 1963 Garrincha pertencia ao universo de Pau Grande, onde ainda morava, com sua mulher e suas sete filhas. Sua glória era partilhada por seus vizinhos, que, na ocasião de seu funeral, contaram à imprensa como ele voltava do Maracanã no caminhão de seus torcedores, para festejar as vitórias do Botafogo como um deles, pelos bares de Pau Grande.

Após a Copa do Mundo de 1962, seu idílio com a cantora Elza Soares o afastou de Pau Grande, mergulhando-o no mundo do *show business* sem, com isso, dar-lhe condições para controlar melhor a sua carreira. As críticas de sua nova companheira, habituada aos contratos do mundo do espetáculo, à maneira com que o Botafogo o explorava, surtiram efeito tarde demais: quando ele finalmente conseguiu um contrato mais favorável, foi atingido pela artrose em ambas as pernas.

Sofrendo demais, recusou-se a jogar e sofreu retenção de até 50% de seu salário. Após uma operação que não fora recomendada pelos médicos do clube, recuperou-se muito lentamente e não conseguiu voltar ao seu lugar no time titular. Em 1966, foi vendido ao Corinthians, de São Paulo, mas seu futebol não era mais o mesmo. Ele ainda participou da Copa do Mundo na Inglaterra, em 1966, na qual o Brasil foi eliminado ainda na primeira fase. Liberado pelo Corinthians, passou a jogar, de 1966 a 1973, em clubes cada vez mais fracos.

---

[30] Ele assinava os seus contratos em branco e ganhava cerca de metade do salário dos outros grandes jogadores do clube.

Em 1973, um jogo internacional foi organizado no Maracanã para sua retirada oficial, o "jogo da gratidão". Apesar disso, esse Sísifo do futebol continuou jogando, até a sua morte, em muitos times de veteranos, sem nunca conseguir reconverter-se, seja tornando-se treinador, seja exercendo qualquer outra atividade ligada ao futebol.

A partir de 1962, sua vida profissional e privada apresenta-se, portanto, como uma sucessão de derrotas. Entre 1967 e 1968, foi recusado por diversos clubes. No fim de 1968, foi condenado por não pagar a pensão alimentar de sua primeira esposa há seis meses (escapou da prisão graças a um banqueiro, que saldou suas dívidas). Em abril de 1969, sofreu um acidente de automóvel que matou a mãe de Elza Soares. No fim do ano, conseguiu escapar de novos problemas com a justiça indo para a Itália com sua mulher. Ao lá chegar, porém, Elza pôde produzir-se facilmente, enquanto Garrincha não teve sucesso nenhum no futebol e precisou se contentar em trabalhar para a publicidade do escritório brasileiro de exportação de café. Em dezembro de 1973, o jogo ritual organizado em sua honra no Maracanã manifestou publicamente a sua derrota. Sua primeira esposa morreu dois anos depois, e ele teve que recolher em sua casa cinco de suas filhas, que ainda eram solteiras.

O ano de 1976 traz-lhe, apesar de tudo, uma vitória tardia: após ter uma nova filha com Elza Soares, nasceu finalmente o filho que ele sempre desejara. No entanto, a publicidade em torno do nascimento desse herdeiro fez imediatamente surgir contestações: uma de suas antigas namoradas em Pau Grande apresentou publicamente um filho natural de 15 anos de idade. Em 1977, Garrincha separou-se definitivamente de Elza Soares, após um ano de relações muito tensas.

Sua primeira internação hospitalar foi em 1978, por hipertensão. Garrincha casou-se novamente no mesmo ano, com Vanderléia, viúva de um antigo jogador. Em julho de 1979, sofreu nova hospitalização, por cirrose hepática. No Carnaval de 1980, ele aceitou desfilar sobre um carro alegórico construído em seu louvor pela escola de samba da Mangueira, mostrando na ocasião sua tristeza e apatia após a hospitalização que sofrera no mês precedente. Ainda que estivesse em plena decadência física e psicológica, Garrincha não parou de repetir os atos que marcaram toda a sua vida: em 1981, nasceu sua última filha — mais uma! — e em 1982, no Natal, ele partiu para Brasília para disputar um jogo amistoso. Logo após, caiu em uma forte depressão alcoólica que o levou à morte.

O rei e o povo

A virada dos anos 1960 viu coexistirem no auge de sua glória os dois maiores nomes do futebol brasileiro, Garrincha e Pelé. Mas enquanto o primeiro decaiu rapidamente, o segundo, cuja carreira profissional continuou até 1974, teve pleno sucesso em sua reconversão, conservando até hoje um imenso renome internacional. A comparação, portanto, se impõe, desde que não cedamos à tentação tão freqüente de reduzir o que separa os dois jogadores, ambos oriundos das classes populares, a simples acasos individuais.

Pelé, que também começou em 1958 na cena internacional, de maneira espetacular, em seguida garantiu para si mesmo um sucesso constante, ainda que estivesse afastado por contusão na vitória de 1962 e na derrota de 1966. Duas vezes campeão do mundo interclubes, em 1962 e 1963, pelo Santos, ele consolidou rapidamente sua posição internacional, que atingiu o ápice com a vitória do Brasil na Copa do Mundo de 1970, disputada no México. Ele deixou então a seleção nacional e seu clube para investir em um mercado menos exigente tecnicamente, embora capital para a expansão do futebol e para a sua própria reconversão profissional: os Estados Unidos e o time do Cosmos de Nova York.

Pelé também é originário das classes populares. Mas, ao contrário de Garrincha, que sempre demonstrou sua ligação profunda com suas origens sociais, Pelé fez aparecer em público apenas a sua ligação com um pequeno núcleo familiar, seu pai, sua mãe, seus irmãos e irmãs e sua avó. Quanto mais a imprensa enfocava a vida privada de Garrincha, menos dados individualizados sobre a sua família eram encontrados. De seu pai, que ocupava postos pouco significativos, como varredor, vigia noturno ou trabalhador agrícola na fábrica ou nos domínios da companhia têxtil, só sabemos ter morrido de cirrose hepática. Nada é conhecido sobre seus outros parentes próximos.

Em suma, as informações sobre a sua origem — que em geral são mais fantasiosas que reais — tratam apenas de seu meio social, não de sua família. Acontece justamente o contrário com Pelé: os dados sobre a sua família são detalhados, indivíduo por indivíduo; seus pais foram constantemente apresentados em suas declarações públicas, pelo menos no começo de sua carreira profissional, enquanto a sua vida privada se mantinha ao abrigo da publicidade midiática.

Pelé é o filho mais velho de um obscuro jogador de futebol de Bauru, no interior do estado de São Paulo, que perdera prematuramente sua chance de ascender a times mais cotados devido a contusões nos joelhos quando jogava no Atlético Mineiro. Desde sua infância, esse filho mostrou a obsessão de obter, ele mesmo, sucesso na carreira que escapara a seu pai, vingando, dessa forma, sua falta de sorte. Mesmo assim, a notoriedade local do centroavante Dondinho — apelido do pai de Pelé — havia-lhe permitido complementar seu salário de jogador com o emprego de pequeno funcionário em um posto de saúde de bairro. Permitiu-lhe igualmente convencer o treinador de seu clube — Valdemar de Brito, um antigo jogador de renome internacional, também aposentado precocemente em decorrência de contusões — a ocupar-se ativamente da equipe de jovens onde seu filho já brilhava.

Pelé entrara para o time após jogar peladas em seu bairro e ter sobretudo se esforçado para reunir um verdadeiro time, com sua própria camisa, graças aos modestos recursos obtidos com uma multiplicidade de pequenos trabalhos infantis. Descobrimos, assim, que as condições materiais de exercício do futebol preocuparam desde o início esse menino obcecado pelo fracasso de seu pai e pela carreira precocemente abortada de seu treinador. Ao contrário de Garrincha, que, destinado a ser operário, chegou ao futebol graças às obras sociais da fábrica, Pelé, que estava destinado ao futebol, teve apenas uma curta passagem, aos 13 anos de idade, por uma fábrica de sapatos, que lhe permitiu levar dinheiro para casa, atenuando com esta demonstração do seu senso de responsabilidade as reticências de sua mãe, já escaldada pelo fracasso do marido, e permitindo que continuasse a se dedicar ao futebol nos times locais.

Foi a Valdemar de Brito que ele deveu sua entrada no Santos, que já era, na época, um grande clube, bicampeão do estado de São Paulo. Na verdade, Valdemar de Brito, treinador de futebol e inspetor do trabalho em Bauru, ao mesmo tempo, desejava mudar-se para São Paulo. Para fazê-lo, solicitou a intervenção de seu antigo companheiro de time, o deputado Athiê Curi, na época presidente do Santos, junto ao governador Jânio Quadros, para ser posto à disposição da Inspetoria do Trabalho da capital estadual.

Em troca desse favor pedido àquele governador imprevisível e geralmente hostil à utilização das relações pessoais na função pública, Valdemar apresentou ao deputado um jogador muito jovem, que prometia se tornar um atleta excepcional. Amigo da família, Brito acabou convencendo a mãe de Pelé, cuja opinião era a que contava na casa, a deixá-lo partir sozinho para Santos, onde, por não ter família no local e contar apenas 15 anos de idade, habitaria permanentemente essa "instituição total" do futebol da época, a "concentração", ou seja, a pensão onde os jogadores eram isolados logo antes dos jogos. Lá Pelé levava uma vida espontaneamente ascética, indo mesmo além das recomendações de seu pai de abster-se de tabaco, álcool e vida noturna para cuidar apenas de sua vida de atleta.

Essa disciplina profissional, verdadeira interiorização precoce das frustrações paternas, confortada pelo capital social específico legado por Dondinho no interior do mundo do futebol, favoreceu o desenvolvimento de suas qualidades técnicas, ao mesmo tempo excepcionais e múltiplas, e de uma sensibilidade extrema aos problemas materiais da profissão de jogador de futebol.[31] Enquanto Garrincha devia a essência de seu talento ao esporte amador, os dons de Pelé só foram plenamente desenvolvidos no futebol profissional. Os 12 anos de sucesso profissional permitiram-lhe conservar até hoje o brilho de seu nome, estendendo-o a outros setores de atividade ligados ao esporte — publicidade, criação de empresas etc.

O hiperprofissionalismo do "Rei Pelé"[32] contrasta, portanto, com a forte ligação de Garrincha com uma certa cultura das classes populares: em seu período de ascensão, este último foi um representante ilustre desses epicuristas da vida cotidiana assinalados por Richard Hoggart (1970). Esse epicurismo de Garrincha, manifestado no futebol através do "jogo pelo jogo" e fora dele por um gosto irresponsável pelo sexo[33] e pelos pequenos divertimentos e lazeres de operário, manteve-o indefinidamente naquele curto período de licenciosidade autorizada que é a adolescência, fazendo dele um homem indiferente ou raramente preocupado com sua vida profissional.

Tivesse ele continuado operário, sua relação com o futebol seria provavelmente mais serena, já que a pelada dos "velhos" de 40 anos é, nos bairros operários, uma diversão habitual que encerra um ciclo de vida ligado a esse mesmo tipo de jogo.[34] Mas a tragicidade do destino de Garrincha consiste justamente no contraste entre o seu início brilhante, quando ele conseguiu levar a pureza de seu estilo de amador para a alta competição, e sua impossibilidade de agir conforme o seu *status* de jogador profissional.

---

[31] As informações sobre o começo da vida de Pelé foram retiradas de Filho (1963).
[32] Para empregar uma expressão hoje consagrada, que já constituía o título do primeiro filme sobre Pelé, realizado por Carlos Hugo Christensen logo após o retrato cinematográfico de Garrincha, feito por Joaquim Pedro de Andrade.
[33] No fim dos anos 1970, um de seus "filhos naturais" veio da Suécia para encontrá-lo.
[34] Ver Guedes (1982).

A morte da alegria do povo

A tragédia de Garrincha, trazida à luz do dia pelo anúncio e pelas circunstâncias de sua morte, fascinou o grande público, especialmente a multidão das classes populares que acompanhou seu funeral. Essas multidões apresentavam pontos em comum com as mostradas no filme *Garrincha, alegria do povo*, na época do auge do futebol de Garrincha e de toda uma geração de brilhantes jogadores brasileiros.

O filme foi feito no momento em que outros diretores do Cinema Novo buscavam nos campos do Nordeste a especificidade dos dramas sociais do Brasil, como Gláuber Rocha, ao realizar *Deus e o diabo na terra do sol*, ou Nelson Pereira dos Santos, com seu *Vidas secas*. Joaquim Pedro de Andrade, por seu lado, dedicou-se mais às classes populares urbanas, inicialmente através de um documentário sobre a fabricação de instrumentos de samba nas favelas ("Couro de gato", episódio do filme coletivo *Cinco vezes favela*), passando em seguida a interessar-se, em uma perspectiva neo-realista, pelo futebol, esse tema talvez menos dramático e político, mas não menos fortemente ligado aos meios populares das grandes cidades.

Seu filme sobre Garrincha privilegia o público das gerais, essa localização térrea de espectadores, sem muita visibilidade, que corresponde aos ingressos mais baratos do estádio. Multidões essencialmente masculinas se comprimem, de pé, no nível do gramado, tendo a dificuldade de acompanhar o jogo compensada pelo contato com os jogadores quando eles vêm celebrar seus gols e vitórias junto ao público. Rostos patéticos, tomados pela angústia ou pelo entusiasmo, indivíduos das classes populares, átomos dessa multidão capturada por uma câmera em busca e em contemplação do "povo", cujas esperanças eram exaltadas pelos intelectuais naquele começo dos anos 1960.[35] As tomadas finais seguem as hordas de

---

[35] Como matéria-prima convincente e maleável, Garrincha prestava-se muito mais que Pelé a esse tipo de consideração intelectual e artística sobre as classes populares. Os dois filmes consagrados a Pelé não são sequer mencionados no catálogo da retrospectiva do cinema brasileiro apresentada em 1987 no Centre Pompidou. Enquanto isso, *Garrincha, alegria do povo* é saudado como sendo "certamente até hoje um dos filmes brasileiros mais inteligentes sobre o futebol, devido à multiplicidade de interpretações sugeridas", mas também por suas inovações realistas, fazendo "aparecer um fenômeno novo no cinema brasileiro: fala-se na tela o português da rua" (Paranaguá, 1987:170).

suburbanos descendo dos trens e precipitando-se em direção ao estádio nos dias de decisão; essa multidão de passageiros corresponde ao mesmo público disperso das gerais.

O filme perde muito menos tempo com as arquibancadas, onde se comprimem os espectadores mais numerosos, que também são as maiores forças reais dos estádios, as torcidas organizadas.[36] É verdade que essas torcidas desenvolveram-se sobretudo a partir do fim dos anos 1960, pela constituição de diversas facções de torcedores do mesmo time concorrendo entre si, com uma intervenção conjunta muito mais barulhenta e visível nas arquibancadas dos diversos estádios (rojões, morteiros, bandeiras gigantescas, palavras de ordem cantadas etc.), além do desenvolvimento de toda uma economia informal (venda de camisetas e flâmulas, viagens etc.).

Esses mesmos rostos de suburbanos são reencontrados nesses trens superlotados que, agora, tocam seus apitos em homenagem ao campeão desaparecido; a mesma multidão que se torna cada vez mais densa, ganhando mulheres e crianças à medida que se aproxima de Pau Grande. Porém, durante toda a cerimônia, evidencia-se também a presença das novas forças das torcidas organizadas, especialmente as do Botafogo, que tentam tirar partido desse trágico acontecimento para celebrar as glórias passadas do clube, que então, em 1983, não ganhava um campeonato havia 15 anos.

Não poderíamos ver, nessa apropriação do enterro de Garrincha por esses novos grupos organizados, um dos sinais da autonomização crescente do futebol profissional, cada vez mais bem estabelecido como um mundo à parte, com regras próprias e tropas especializadas?[37] Mas não seria também esse o último sinal, se isso fosse necessário, do ponto de miséria a que chegou esse jogador que, apesar de sua vontade e dos esforços de alguns dos seus amigos, não teve sequer o direito de ser inumado pacificamente entre os seus?

---

[36] Para um estudo da organização tanto espacial quanto social dos estádios brasileiros, cujo modelo é o Maracanã, construído quando da Copa do Mundo de 1950 para receber 200 mil pessoas, ver Guedes (1977).
[37] Seria necessário colocar em uma perspectiva mais abrangente as transformações sofridas pelas classes populares no decorrer dos últimos 30 anos para que se pudesse realmente estabelecer a significação social dessas novas formas de apoio organizado ao futebol. Para alguns dados etnográficos sobre as torcidas organizadas de alguns times cariocas e paulistas, ver Lever (1983) e Miceli (1977).

Ainda que a invasão da multidão tenha trazido involuntariamente à vida de Garrincha a sua última nota trágica, podemos, por outro lado, interpretar esse ardor popular como uma homenagem ao jogador e um desagravo à injustiça vivida por ele, que afundara após ter conhecido a glória, e cujo fim revelava nitidamente o abandono e as vicissitudes habituais da vida dos meios populares. No momento da morte, os "pecados" de Garrincha, que o haviam tornado tão impopular, pareceram até mesmo terem sido perdoados. As maravilhas de seu futebol, sua indiferença em face da concorrência profissional e da ascensão social que ela permitia, sua forte ligação com suas raízes sociais e o sacrifício de sua vida que isso ocasionou foram também traços que suscitaram a consternação coletiva.

No caso, o sentimento de perda era gerado não apenas pelo fim da grande época do futebol brasileiro, mas também pela intuição de que estavam completamente transformadas as condições sociais que haviam permitido a eclosão de um tal jogador, com tal estilo de jogo. Através dele desaparecia uma certa classe operária, a das vilas operárias tradicionais. E, de uma maneira mais geral, sua morte simbolizava também o fim de um certo modo de vida popular, cuja lembrança era o único resquício deixado pelo crescimento das dificuldades atuais.

À "euforia" dos anos 1950-64 — relativamente mais favoráveis às classes populares nos planos econômico,[38] político e das liberdades públicas — sucederam-se na verdade uma tristeza e uma certa violência primária que seria tentador associar ao sofrimento gerado pela intensificação da exploração econômica e da opressão política desde a instauração da ditadura militar (violência esta que se manifestou freqüentemente durante os anos 1970, especialmente sob a forma de tumultos nos trens de subúrbio do Rio e São Paulo). A morte miserável de Garrincha simbolizou ao extremo o desaparecimento dessa "alegria do povo" gerada pelo sucesso dos anos 1950, especialmente pela vitória na Copa do Mundo de 1958, na qual o Brasil finalmente se afirmou em escala internacional, ainda que através do futebol, ou seja, de suas classes populares.

---

[38] De 1940 até hoje, o fim dos anos 1950 foi o período em que os salários mínimos reais foram mais elevados.

Referências bibliográficas

ALVIM, Maria Rosilene B. Constituição da família e trabalho industrial: um estudo sobre trabalhadores têxteis numa fábrica com vila operária. 1985. Tese (Doutorado em Antropologia Social) — Museu Nacional/UFRJ, Rio de Janeiro 1985.

_____; LOPES, José Sérgio Leite. Famílias operárias, famílias de operárias. *Revista Brasileira de Ciências Sociais,* n. 14, 1990.

ARAÚJO, Ricardo Benzaquem. Os gênios da pelota: um estudo do futebol como profissão. 1980. Dissertação (Mestrado em Antropologia Social) — UFRJ, Rio de Janeiro, 1980.

BOURDIEU, Pierre. Remarques provisoires sur ta perception sociale du corps. *Actes de La Recherche en Sciences Sociales,* 14 avril 1977.

COMISSÃO EXECUTIVA TÊXTIL. Indústria têxtil algodoeira. Rio de Janeiro: Ministério do Trabalho, Indústria e Comércio, 1946.

DaMATTA, Roberto; FLORES, Luiz Felipe B. N.; GUEDES, Simoni; VOGEL, Arno. *Universo do futebol*: esporte e sociedade brasileira. Rio de Janeiro: Pinakotheque, 1982.

DUBY, George. *Guillaume le Marechal.* Paris: Fayard, 1984.

ELIAS, Norbert. *Mozart, sociologie d'un génie.* Paris: Seuil, 1991.

FILHO, Mário. Viagem *em torno do rei Pelé.* Rio de Janeiro: Ed. do Autor, 1963.

_____. *O negro no futebol brasileiro.* Rio de Janeiro: Civilização Brasileira, 1964.

GUEDES, Simoni Lahus. *O futebol brasileiro, instituição zero.* 1977. Dissertação (Mestrado em Antropologia Social) — Museu Nacional/UFRJ, Rio de Janeiro, 1977.

_____. Subúrbio: celeiro de craques. In: DaMATTA, Roberto et al. *Universo do futebol*: esporte e sociedade brasileira. Rio de Janeiro: Pinakotheque, 1982.

_____. *O povo brasileiro no campo de futebol.* Rio de Janeiro: Museu Nacional, 1988. ms.

HOGGART, Richard. La culture du pauvre. Étude sur le stile de vie des classes populaires en Angleterre. Paris: Ed. de Minuit, 1970.

LEVER, Janet. *Soccer madness.* Chicago: The University of Chicago Press, 1983.

LOPES, José Sérgio Leite. *O vapor do diabo*: o trabalho dos operários do açúcar. Rio de Janeiro: Paz e Terra, 1976.

_____. *A tecelagem dos conflitos de classe na cidade das chaminés*. São Paulo: Marco Zero; Brasília: UnB, 1988.

_____; SILVA, Luiz A. Machado da. Introdução: estratégias de trabalho, formas de dominação na produção e subordinação doméstica de trabalhadores urbanos. In: _____ et al. *Mudança social no Nordeste:* a reprodução da subordinação. Rio de Janeiro: Paz e Terra, 1979.

LYRA FILHO, João. *Taça do Mundo 1954*. Rio de Janeiro: Irmãos Pongetti, 1954.

_____. *Introdução à sociologia dos esportes*. Rio de Janeiro: Bloch, 1973.

MICELI, S. Corínthians. E o pão? *IstoÉ*, São Paulo, n. 121, 1977.

NOGUEIRA, Armando. Mundo velho sem porteira. *Jornal do Brasil*, Rio de Janeiro, 23 jan. de 1983.

PARANAGUÁ, Paulo A. *Le cinéma brésilien*. Paris: Centre Georges Pompidou, 1987.

SANTOS, Joel R. *História política do futebol brasileiro*. São Paulo: Brasiliense, 1981.

VON DER WEID, Elizabeth; BASTOS, Ana M. *O fio da meada*: estratégia de expansão de uma indústria têxtil; Companhia América Fabril 1878-1930. Rio de Janeiro: Fundação Casa de Rui Barbosa, Confederação Nacional da Indústria, 1986.

WAHL, Alfred *La balle au pied*: histoire du football. Paris: Gallimard, 1990.

WEBER, Florence. *Le travail à côté*: étude d'etnographie ouvriére. Paris: Editions de l'EHESS-INRA, 1989.

WILLIS, Paul. L'école des ouvriers. *Actes de la Recherche en Sciences Sociales,* 24 nov. 1978.

Apêndice

É possível ilustrar essa comparação esclarecedora com Pelé opondo dois filmes: *Garrincha, alegria do povo* e *Isto é Pelé*. O primeiro foi realizado em 1962, no auge da glória de Garrincha, e o segundo em 1975, no fim da carreira brasileira de Pelé. Transformados em fitas de vídeo, atualmente ambos os filmes estão entre os mais pedidos no Brasil. Mas enquanto *Isto é Pelé* foi imediatamente transcrito para vídeo, na previsão de um evidente sucesso comercial, o filme sobre Garrincha teve que esperar sua morte e reabilitação póstuma. Foi até mesmo necessário efetuar uma coleta para reconstituir a película, que já se deteriorara, como se houvesse sofrido o mesmo destino de seu herói. A morte de Garrincha permitiu que esse filme antigo, puro produto do Cinema Novo, tivesse, mais de 20 anos depois, devido à difusão dos videocassetes no país, um grande sucesso comercial, subitamente rivalizando com o sucesso permanente de Pelé.

Garrincha, alegria do povo, 1962	*Isto é Pelé*, 1975
Realizador: Joaquim Pedro de Andrade (1930-88), um dos nomes importantes do Cinema Novo.	Realizador: Eduardo Escorei, nascido em 1945, antigo assistente e montador de Joaquim Pedro de Andrade e de outros grandes cineastas do Cinema Novo, ele mesmo diretor reconhecido.
Ambos os filmes foram financiados por Luiz Carlos Barreto, produtor da maior parte das realizações do Cinema Novo.	
O filme começa com seqüências de pelada disputadas na praia de Copacabana, nas ruas e nas zonas periféricas.	O filme começa com uma tomada de Pelé correndo e treinando sozinho à beira-mar.
Esclarecimento sobre o defeito físico das pernas de Garrincha.	Demonstração das qualidades atléticas excepcionais de Pelé.
Poucas imagens em movimento de seu estilo de jogo: era um ponta que, salvo exceção, não marcava os gols. Muitas fotos.	Muitas seqüências sobre seu jogo e seus numerosos gols: era um goleador de meio-de-campo.
Estilo inexplicável que continua inexplicado.	Estilo dissecado pelo próprio Pelé durante muitas seqüências de demonstração destinadas às crianças.
Apenas um curto extrato de entrevista, além de um comentário em *off*.	Pelé comenta largamente sobre si mesmo.
Garrincha é muitas vezes mostrado fora do campo, treinando com sua equipe, na fase de preparação dos jogos, com os torcedores.	Pelé aparece quase exclusivamente no campo.
Nas cenas mundanas de cerimônias com políticos ou autoridades, Garrincha freqüentemente aparece em segundo plano.	Poucas cenas de alegria popular, sendo então vistas desde o campo. Nos encontros com o Papa, com Robert Kennedy, com a rainha da Inglaterra, Pelé está sempre em primeiro plano.

continua

***Garrincha, alegria do povo,* 1962**	***Isto é Pelé,* 1975**
Muitas cenas filmadas em Pau Grande: Garrincha dança com as filhas, joga descalço com os amigos, bebe um cafezinho com eles. Algumas tomadas do trabalho na fábrica.	Nada fora do esporte.
Vista final sobre a multidão de torcedores, a importância social e os significados simbólicos do futebol. Considerações intelectuais sobre o esporte e o povo. Garrincha desaparece, sendo substituído pela entidade "povo".	O auge atingido quando de seu milésimo gol. Comentários de natureza essencialmente esportiva. Última parada na imagem: os pulos de alegria de Pelé ao marcar um gol.
A "alegria do povo" é uma emoção coletiva que estoura além da pessoa de Garrincha, dissolvida na multidão.	A "alegria" de Pelé é a de "cada novo gol": é a emoção de um campeão individual que exulta diante da multidão.

7

Futebol e gênero no Brasil: comentários a partir do filme *Onda nova*

*Leda Maria da Costa**

 Onda nova — Ficha técnica

Diretores: José Antônio Garcia e Ícaro Martins
País/ano: Brasil/1983
Sinopse: O time do Gaivotas Futebol Clube é formado por lindas garotas muito amigas que jogam o jogo da vida com a mesma raça, alegria e energia com que entram em campo. Em jogo: amores, loucuras, desilusões e aventuras que fazem deste filme uma diversão inesquecível para matar as saudades das roupas, músicas e modas dos anos 1980.

Segundo Freud, a civilização impõe uma série de sacrifícios ao ser humano. Participar dela significa colocar em segundo plano a vontade individual em favor de uma maioria mais forte e disposta a sufocar manifestações que possam pôr em risco os regulamentos criados para reger o relacionamento entre os homens. Já que o indivíduo não conhece limites para a obtenção de prazer e satisfação, seu poder foi substituído pelo da comunidade e esse mecanismo, de acordo com Freud, constitui a própria essência daquilo que denominamos civilização. Regular a liberdade e as manifestações arbitrárias de sujeitos isolados constitui o principal meio pelo qual a civilização tenta manter uma indelével estrutura. A limita-

---

* Doutoranda no Programa de Pós-Graduação em Literatura Comparada da Universidade do Estado do Rio de Janeiro.

ção da ação individual é conseguida pela disseminação de leis e valores compartilhados por todos e que contribuem para que "os homens tenham se acostumado a moderar suas reivindicações de felicidade".[1]

As meninas do Gaivotas Futebol Clube vão na contramão dessa clássica interpretação de Freud e estão mais próximas do Matriarcado Pindorama, imaginado pelo poeta modernista Oswald de Andrade, que seria uma espécie de sociedade em que "a alegria é a prova dos nove".[2] Ser feliz é o que importa, por isso, Rita, Batata, Lili, Geléia e Cia se voltam contra muitas regras e padrões, principalmente aqueles que dizem respeito ao papel feminino. Elas estão em trânsito pelas ruas, são livres, independentes, liberadas, amam homens e mulheres e jogam futebol.

Suas vidas e aventuras desfilam pelo filme *Onda nova*, de 1983, dirigido por José Antonio Garcia em parceria com Ícaro Martins. Nessa película o futebol ocupa um lugar de destaque, articulando cenários, situações, diálogos e as principais personagens da trama. Mas se trata de um futebol que naquela época muito poucos estavam acostumados a ver, um futebol praticado por mulheres, o que faz com que já de início tenhamos a impressão de estar adentrando em um mundo bem pouco convencional.

Entretanto, se por um lado é verdade que o tempo atenuou bastante essa impressão, pois, hoje em dia, 11 mulheres jogando bola já não nos causam tanto espanto, por outro lado seria difícil manter a opinião de que estamos plenamente habituados com a figura de uma mulher calçando chuteiras. São raríssimas as produções cinematográficas e literárias no Brasil que têm como tema o futebol feminino. E se na ficção as imagens são escassas, o mesmo ocorre na realidade, já que pouquíssimos clubes investem no futebol feminino, impossibilitando, desse modo, a organização de campeonatos periódicos e competitivos. A grande maioria das meninas que optam pelo futebol, no Brasil, continua como aquelas do Gaivotas, sem uma infra-estrutura profissional que viabilize a dedicação exclusiva ao esporte, assim como treinamento e preparação física adequados.

Na difícil trajetória das mulheres no futebol, a década de 1980 destaca-se pela fecundidade de campeonatos e pelo número de equipes formadas, principal-

---

[1] Freud, 1974, v. 21, p. 116.
[2] Andrade, 1990:51.

mente no Rio de Janeiro e em São Paulo. Aquele período está presente em vários cantos de *Onda nova*, seja na moda marcada pelo excesso de cores, seja na trilha sonora, embalada pelas guitarras do rock'n'roll brasileiro, seja ainda no próprio enfoque dado ao futebol feminino.

Assim como no filme, no início dos anos 1980 o Corinthians criou um time de futebol feminino. O CND (Conselho Nacional de Desportos), porém, reagiu de maneira negativa e enviou um comunicado ao presidente daquela instituição proibindo a modalidade. A fundação de um time de futebol feminino pelo clube paulista era conseqüência de um visível aumento da participação das mulheres no território futebolístico, que podia ser notado desde a década de 1970 com a organização do primeiro campeonato mundial da modalidade.[3]

Entre nós, "a febre de bola" das mulheres se fez notar nas areias. No Rio de Janeiro, por exemplo, muitas delas se reuniam na praia do Leblon para jogar partidas de futebol, chegando mesmo a organizar alguns pequenos campeonatos.[4] Das areias, elas foram para o gramado e, em 1981, também no Rio de Janeiro, a primeira liga de futebol feminino do país foi criada. Quando a CND resolveu revogar a proibição imposta a esse esporte desde 1941, cerca de 200 times esperavam pela oficialização.

É a esse contexto, de emergência e oficialização do futebol feminino, que pertence o filme *Onda nova*. Não é sem motivos que o clube Gaivotas é abrigado nas instalações do Corinthians, cujo presidente deixa claro em um determinado diálogo o quanto o clube paulista havia lutado em prol do futebol feminino. Essa luta é usada como argumento para que ele exigisse um comportamento mais regrado das meninas do Gaivotas, já que várias reclamações estavam chegando aos seus ouvidos.

Surgiam queixas dando conta do uso de maconha, da presença de absorventes entupindo os vasos sanitários e de possíveis relações sexuais mantidas den-

---

[3] O primeiro campeonato mundial de futebol feminino foi sediado na Itália, em 1970. No ano seguinte foi a vez de o México abrigar competição semelhante. Em 1982 e 1988, também na Itália, realizaram-se dois mundialitos. Todas essas competições não eram oficiais. Somente em 1991 a Fifa organizou um campeonato mundial de futebol feminino. Para mais informações, ver Jansson (1998).
[4] Algumas dessas mulheres eram empregadas domésticas que, ao final do dia, iam para a praia bater uma bolinha. O Radar, um importante clube carioca de futebol feminino, surgiu das areias. Esse clube foi a base da seleção brasileira de futebol feminino que disputou o primeiro campeonato mundial, na China, em 1991.

tro dos próprios vestiários. Essas acusações desenham a figura da mulher cuja presença coloca em desordem o universo masculino. E desarticula o feminino também, pois vários eram os pais indignados com o comportamento masculinizante de suas filhas, em conseqüência, segundo eles, da prática do futebol.

O medo da masculinização foi uma das principais motivações para que em 1941, através do Decreto-Lei nº 3.199, a prática do futebol feminino houvesse sido proibida. Esse perigo era inaceitável para uma sociedade que entendia que as mulheres deveriam ser "belas, maternais e femininas".[5]

A reunião desses três elementos podia ser ameaçada caso a mulher praticasse alguma atividade física considerada inadequada. Nesse sentido, tornar-se masculina significava fugir dos padrões definidores de feminilidade, significava desenvolver um corpo musculoso que transmitisse a impressão de brutalidade, uma imagem perturbadora, pois estremecia as fronteiras entre os gêneros.

Médicos e higienistas emitiram pareceres contrários à pratica do futebol por mulheres, lançando julgamentos baseados em critérios sistematizados e supostamente neutros. Supostamente, pois muitas convenções sociais formavam a base a partir da qual algumas teorias científicas eram erigidas e sustentadas. E não é muito difícil verificar o entrelaçamento entre ciência e padrões sociais.

Thomas Laqueur, em seu livro *Inventando o sexo*, explica que a partir de um determinado momento histórico homem e mulher passaram a ser vistos como realidades opostas, e que tal oposição era marcada pela "política do poder do gênero", o que significa que as características biológicas imputadas aos sexos sofreram influência não apenas de descobertas científicas, mas de um "contexto de luta sobre gênero e poder".[6]

Esse mesmo mecanismo apresenta-se de forma clara nos discursos acerca do futebol feminino que circulavam na imprensa dos anos 1940. Expressões como "sexo frágil", "harmonia das formas", "encanto" e "graça" se misturavam com categorias de ordem científica como "fisiologia", "funções orgânicas", "saúde física" etc.

Vários anos depois o filme *Onda nova* traz à cena aquele mesmo temor por intermédio da mãe de Lili, a goleira do Gaivotas Futebol Clube. Ao encontrar

---

[5] Tomamos por empréstimo a expressão que dá titulo ao livro de Goellner (2001).
[6] Laqueur, 2001:23.

um par de chuteiras no quarto da filha, ela reclama de sua "vida masculina", chegando mesmo a afirmar que não a havia criado para vê-la jogar futebol, pois o considerava um hábito inadequado para uma moça normal.

Lili responde de maneira debochada e irônica, puxando a peruca da mãe num gesto que demonstra como uma aparência de normalidade pode encobrir segredos e ambigüidades. Se a normalidade é uma superfície lisa e plana, um mar de maré baixa no qual conseguimos navegar com poucos riscos de intempéries, ser normal é muito pouco para as meninas do Gaivotas. Afinal, elas sabem que para moldarmos um comportamento aceitável é preciso que nossos desejos muitas vezes sejam colocados em segundo plano.

Em *Onda nova* ocorre o contrário. O desejo e a vontade individual não são refreados, mas, sim, motivam as ações das personagens principais. É a busca pelo prazer que dita o ritmo das meninas do Gaivotas, uma busca em que todas são cúmplices e na qual a liberdade se torna uma companheira indispensável. Por conta disso, *Onda nova* traz à cena um mundo sem compromisso e pleno de experimentações, principalmente sexuais.

Elas se relacionam sexualmente em vários espaços, muitos dos quais reservados para cenários de nossas fantasias: a quadra do clube, a escada do apartamento ou o banco traseiro do carro. Esse último, que tradicionalmente pertence ao imaginário masculino, abriga, sob a luz do luar, o encontro de duas mulheres apaixonadas. Essa liberalidade demonstra que o corpo feminino é assunto que só diz respeito à própria mulher. A posse do corpo por suas donas também se faz presente na opção pelo futebol, escolha desautorizada por muitos pais, mães e maridos ao longo dos anos.

Em 1940,[7] uma carta enviada pelo cidadão José Fuzeira ao presidente Getúlio Vargas foi publicada pelos jornais. Nela seu autor explicitava o que ele entendia representar uma ameaça à saúde física e mental das moças do país:

---

[7] O ano de 1940 foi profícuo para o futebol feminino. Muitos clubes se organizaram e realizaram algumas competições. Os jornais da época trazem notícias sobre as várias partidas envolvendo mulheres. As equipes do Sport Club Brasileiro e do Cassino Realengo se destacam, pois fazem uma breve excursão por São Paulo e Santos. Em São Paulo, elas jogam no Pacaembu, como preliminar de Flamengo x São Paulo e, em Santos, na Vila Belmiro "as duas equipes constituíram a atração única" (*Jornal dos Sports*, 21 maio 1940).

é provável que, em todo o Brasil, estejam organizados uns 200 clubes femininos, de futebol, ou seja: 200 núcleos destroçadores da saúde de 2.200 futuras mães, além do mais, ficarão presas de uma mentalidade depressiva e propensa aos exibicionismos rudes e extravagantes.[8]

Em resposta, a jogadora Adyragram, do Sport Club Brasileiro, compareceu à redação do *Jornal dos Sports* afirmando que Fuzeira deveria parar de "preocupar-se com coisas que só interessam ao sexo frágil".[9] Entretanto, apesar da defesa de Adyragram, a divulgação daquela carta deu início a um longo debate sobre a possibilidade ou não de uma mulher jogar futebol e toda a discussão resultou na proibição da modalidade, antes mencionada.

Longe de ser um objeto público, o corpo feminino no filme *Onda nova* é privado e fonte de satisfação. É por prazer que elas jogam. Até mesmo porque a modalidade feminina, diferentemente da masculina, sempre ofereceu escassas oportunidades de profissionalização e ascensão social.

No Brasil, ainda nos dias atuais, poucas são as jogadoras que sobrevivem apenas do futebol; aquelas que têm sorte e talento vão atuar no exterior para assim conquistar reconhecimento e fama. Foi o caso de Sissi, eleita embaixadora do futebol feminino pela Fifa, e o de Marta que, em dezembro de 2005, recebeu o prêmio de segunda melhor jogadora do mundo. Mais eficaz que um longo discurso, seu choro, durante a cerimônia de entrega do prêmio, nos diz muito sobre as precárias condições nas quais o futebol feminino se encontra no Brasil, o que torna imperativa a transferência das jogadoras para fora do país.

É bem verdade que as chances de transferência para o mercado internacional representam uma valiosa oportunidade que, no início da década de 1980, dificilmente ocorreria. Apesar de algumas mudanças positivas, de modo geral, entretanto, a vida em campo das meninas do Gaivotas apresenta uma característica que as aproxima de várias jogadoras contemporâneas nossas: o amadorismo.

Elas dividiam seu tempo entre trabalho e treinos nos quais o técnico também desempenhava papel de preparador físico. Até mesmo adversários eram difíceis de encontrar, por isso a primeira partida delas foi realizada contra o time da

---

[8] Apud Franzini (2000:53).
[9] *Jornal dos Sports*, 10 maio 1940.

polícia feminina, demonstrando a dimensão do amadorismo que as cercava. No entanto, mais de 20 anos depois, o regresso das jogadoras da seleção brasileira de futebol feminino foi marcado pelo temor do desemprego, por causa do grande risco que elas corriam de ficar paradas, sem treinamento e sem participar de competições, devido à escassez de clubes de futebol feminino.

A precariedade estrutural, no entanto, não foi suficiente para impedir as jogadoras do Gaivotas de atuar nos gramados e fazer deles um palco onde jogavam e debochavam de vários clichês referentes ao modo pelo qual a mulher é representada. Lili, a goleira, constantemente se apresentava com luvas de borracha concebidas para lavar louça, mas que ali servem para proteger suas mãos da bola. Elas ensaiavam passos de balé, assediavam umas às outras e também se esbofeteavam, tanto que um dos jogos foi interrompido com uma grande pancadaria. Afinal, ao contrário do que muitos pensam, não era o fato de serem mulheres que as impedia de praticar atos violentos.[10]

Vários jogos femininos terminaram de igual modo, inacabados, devido às brigas em campo. No mesmo ano no qual *Onda nova* foi realizado, a partida que decidiria o primeiro campeonato de futebol feminino da cidade de Campinas foi finalizada aos 20 minutos do segundo tempo por causa de uma série de confusões, que incluíram invasão de campo por dirigentes e torcedores.[11]

Em 1940, a agressividade feminina também se manifestava aos olhos públicos. Numa disputada partida entre as agremiações do Independentes de Bento Ribeiro e do Cruzeiro de Realengo, os ânimos ficaram alterados e ninguém conseguiu conter a fúria de 22 mulheres. Ao final, restavam apenas "alguns tufos de cabelos loiros, castanhos e pretos, e vários rostinhos apresentavam sinais de valentes unhadas".[12]

Mas a tônica de *Onda nova*, não é a do conflito, de ordem física ou psicológica. Embora existam, os embates são resolvidos com facilidade, às vezes, espan-

---

[10] A dificuldade de entendermos a mulher como alguém que não apenas é vítima da violência, mas, que ao contrário, pode ser seu agente, tem sido um dos obstáculos para a inserção da mulher no território futebolístico. Acreditava-se que o futebol, por ser um esporte violento, era incompatível com a índole pacífica da mulher. Mas como é possível manter essa tradicional representação diante, por exemplo, da crescente participação feminina no crime organizado? Duas mulheres participaram do incêndio do ônibus 350, um dos crimes mais bárbaros acontecidos no Rio de Janeiro.
[11] Moura, 2003:70.
[12] *Jornal dos Sports*, 27 fev. 1940.

tosa. A quase ausência de um caráter conflituoso ocorre, em grande parte, porque há no filme um desfile de personagens preocupados em agir no mundo e não apenas observá-lo, e o mundo em torno das meninas do Gaivotas é um espaço onde "vale tudo".[13]

Transgredir e ir além dos limites são atitudes que ganham uma dimensão maior, principalmente se levarmos em conta que as principais personagens do filme são mulheres, figuras que, durante muitos séculos, tinham seu lugar "preordenado, orquestrado de cabo a rabo por pela ordem natural e social".[14] O fato de jogar futebol é um artifício que reforça o traço pouco convencional e o caráter libertário das principais personagens femininas do filme. Afinal, apesar do início da década de 1980 comportar um certo *boom* da modalidade feminina, ser jogadora de futebol ainda não fazia parte do rol das atividades em que uma mulher típica se envolveria.

Mas as meninas do Gaivotas têm muito pouco de tipicidade, ao fazer da busca pela felicidade e prazer irrestritos condições inegociáveis. O vai-e-vem das meninas no campo de futebol é reproduzido em seu cotidiano; por isso, raramente, as encontramos em casa, esse espaço que por um longo tempo esteve associado à figura feminina.

Em casa, elas estão somente de passagem, deixando para trás suas famílias problemáticas e insatisfeitas. É o caso da mãe de Rita, que, numa rápida cena, podemos ver deitada no jardim sendo ouvida pelo psicólogo que impacientemente lhe informa sobre a necessidade de aumentar as doses do remédio, assim como o preço da consulta. Sobre suas pernas repousa o livro de contos *Antes do amanhecer*, de Edla Van Steen, uma importante referência para o filme, já que a obra de Edla é marcada pelo questionamento da identidade sexual de suas personagens e a subversão das categorias de gênero.[15] Especificamente em *Antes do amanhecer* algumas personagens femininas tentam construir espaços alternativos

---

[13] A cena do baile é bastante ilustrativa desse pressuposto. Nela vemos pessoas de todos os tipos dançando ao som da homônima composição de Tim Maia. Porém, a letra da música é contrariada por aquilo que acontece na pista de dança, pois, aí, duas mulheres não apenas dançam juntas como se beijam.
[14] Lipovetsky, 1999:10.
[15] Edla Van Steen também foi autora de um conto sobre futebol intitulado "Que horas são?", publicado no livro *Onze em campo e um banco de primeira*, organizado por Flávio Moreira da Costa.

que lhes viabilizem um processo de auto-realização, busca que em um contexto patriarcal pode ser dificultada.

Esse espaço alternativo é criado pelas garotas do Gaivotas, que erguem uma espécie de matriarcado, tendo no futebol seu eixo articulador. Em torno do futebol elas se reúnem e compartilham experiências que rompem com as representações mais típicas relacionadas à mulher. Ser jogadora de futebol é uma das escolhas que entram em choque com os clichês que dão conta de que "futebol é coisa de homem" e impróprio para uma mulher. Esse lugar-comum, repetido até os dias de hoje,[16] é rebatido com deboche e ironia no filme, em cuja primeira cena é mostrada uma partida de futebol mesclando homens fantasiados de mulher e mulheres fantasiadas de homem, assim como homens e mulheres sem fantasia, criando, desse modo, um meio ambíguo e híbrido.

Muito daquilo que o filme nos mostra é quase um sonho, tudo nele está razoavelmente distante da realidade vivenciada no dia-a-dia de milhares de pessoas, uma realidade cheia de convenções que constantemente refreiam a liberdade individual. Dar as costas a essas convenções não é tão simples, porque elas aparentemente oferecem mais segurança e facilidade para o trânsito pelo cotidiano.

Entretanto, a necessidade de conferir mais liberdade individual e ter acesso à possibilidade de escolhas próprias é um sentimento latente em muitos de nós e, nos últimos anos, essa reivindicação tem ganhado maior espaço e legitimidade para manifestar-se. O caso das mulheres é exemplar desse fenômeno, pois, cada vez mais, elas têm tentado governar-se a si mesmas e seguir novas trilhas de autocriação feminina. Uma dessas trilhas as conduz aos gramados de futebol, território que ao longo de alguns séculos foi predominantemente masculino. Mas uma nova identidade feminina associada ao futebol vem sendo configurada.

No Brasil, ecos das expectativas por um renovado *status* identitário feminino, que liberte a mulher de certas representações que a vinculavam à casa, às tarefas domésticas e à maternidade, estão presentes em *Onda nova*. Nesse sentido, trata-se de um filme que pode ser lido a partir da hipótese que o filósofo americano Stanley Cavell (1993) levanta para compreender as comédias hollywoodianas de "recasamento"[17] da década de 1940.

---

[16] Em 2005 o então treinador do Corinthians Tite fez a seguinte declaração: "mulher não pode apitar jogo de futebol de alto nível" (*Folha de S. Paulo*, 28 fev. 2005).
[17] Em francês, *comédie du remariage*.

Essa denominação dada por Cavell designa filmes comuns nos anos 1940 e que tinham como temática principal a história de mulheres casadas que, por algum motivo, entravam em conflito com seus maridos. A reconciliação do casal proporciona um final feliz para essas comédias e o ponto importante consiste no fato de que essa reunião é conduzida pela mulher, cabendo a ela tomar as rédeas e a iniciativa da vida conjugal.

Esse gênero cinematográfico exige uma nova representação de mulher e essa reformulação do feminino está presente nas telas de cinema naquela época, porque, segundo Cavell, esses filmes seriam uma forma de tradução da demanda interna de uma cultura. Esse novo perfil de mulher não estaria plenamente configurado na sociedade, ele seria uma utopia viabilizada no cinema.

Na década de 1980, esse processo de demanda cultural é verificável, em nosso país, no que diz respeito à necessidade de incorporação das mulheres no território futebolístico: afinal, mesmo que proibidas por decreto-lei, elas continuavam a jogar e a montar times, provocando, assim, a oficialização da modalidade. *Onda nova* promove um intercâmbio entre a trama que se desenvolve no espaço próprio da ficção e seus referenciais externos, redimensionando-os, exagerando-lhe as cores e os gestos e construindo um universo feminino pouco típico e convencional: mulheres que em torno do Gaivotas Futebol Clube constroem um território alternativo de livre trânsito e experimentações, mulheres que estão em busca da própria satisfação.

Elas poderiam dizer: "Então é verdade que eu não imaginei: eu existo!", a mesma frase dita por Loreley, a personagem principal de *Uma aprendizagem ou o livro dos prazeres*, de Clarice Lispector. Não apenas nesse livro, mas, ao longo da produção literária de Clarice, é possível ter acesso à vida de mulheres que de algum modo entram em contato com experiências que lhes revelam um mundo pleno de significações e sentidos, aberto e livre, principalmente porque é visto além de sua capa. Capa impregnada de um cotidiano aparentemente bem estruturado e seguro, com suas leis, normas e hábitos já de antemão configurados e estabelecidos.

Por intermédio de uma barata ou de um cego parado na rua, muitas personagens de Clarice percorrem caminhos que estão além da rotina e são plenos de possibilidades. Embora destituídas da dimensão existencial, tão marcante nas mulheres retratadas por Clarice, as meninas do Gaivotas se aproximam do universo clariciano ao buscarem a liberdade, inclusive dentro das quatro linhas do gramado onde elas, também, querem *existir*.

A autora ucraniana naturalizada brasileira e botafoguense foi uma referência importante para o diretor de *Onda nova*. José Antonio Garcia, pouco antes de falecer, dedicava-se à montagem do espetáculo *A pecadora queimada e os anjos harmoniosos*, único texto para teatro feito por Clarice Lispector.[18] Assim como ocorre na literatura de Clarice, é por intermédio da figura da mulher que em *Onda nova* se descortina um mundo diferente daquele a que estamos acostumados.

É o outro lado da moeda, inclusive a moeda do futebol, pois não estamos diante de um estádio lotado desfilando craques da seleção, conhecidos mundialmente. Vemos um bando de garotas jogando para um público mínimo, sem *glamour* e espetáculo. O último jogo do filme, por exemplo, é uma versão feminina do trágico Brasil *x* Itália da Copa de 1982, na Espanha, que deixa claro o contraste entre a partida realizada sob os olhares de milhões de brasileiros e aquela realizada entre o time do Gaivotas e um selecionado italiano.

A exposição desse mundo às avessas se dá de modo pouco aprofundado. No filme, não há um tom problematizador, o que reitera a hipótese da quase ausência de conflitos antes mencionada. O universo de *Onda nova* é colorido, alegre e jovial. Ele é tão hiperbólico que às vezes pode nos parecer surreal. Se há no filme algum caráter contestatório, ele se dá através de uma poética do excesso que lhe estrutura e faz dele uma trama em moto-contínuo.

Onda nova assemelha-se a um manifesto ao estilo de Marinetti ou Oswald de Andrade, em que a intenção parece ser a de chocar através de frases enfáticas, arrumadas de modo pouco linear e coeso. Não é através de pormenorizações e incursões psicológicas que a história se desenvolve, mas de situações rápidas em que tudo acontece sem delongas, frescura ou hesitação. Meditações não cabem dentro desse mecanismo. Trata-se de um filme sobre a liberdade e a possibilidade de guiar a vida pelo caminho que conduza mais rápido ao prazer e à satisfação pessoal. A ênfase na novidade, entendida como algo que se opõe à tradição, cria um ambiente embriagador em que uma nova mulher é configurada, entrando em choque com antigos padrões de feminilidade.

---

[18] José Antonio Garcia dirigiu os filmes *O corpo* (1991) e *A estrela nua* (1985), este também em parceria com Ícaro Martins. Ambas as produções são inspiradas em obras de Clarice Lispector.

O tratamento dado ao futebol feminino pelo filme é próximo ao adotado no conto "Lucrécia" do autor Duílio Gomes. Nessa obra, a personagem-título "além de forasteira, por demais singular (...) dirigia carro, falava palavrão e... jogava futebol".[19] Tanto no conto quanto no filme, o futebol é parte integrante de um conjunto de experimentações compartilhadas por novos perfis de mulher.

Essa perspectiva é muito interessante. Afinal, a participação da mulher como jogadora de futebol é uma etapa de um processo de democratização e abertura para a participação feminina em espaços que antes lhe eram vetados. Nesse sentido, a incorporação da temática do futebol feminino é um dos méritos de *Onda nova*, pois a ficção tem um importante papel no mecanismo humano de compreensão da realidade. Por intermédio do *como se*, instaurado pela ficção, podemos experimentar e nos familiarizar com "diferentes sentimentos, situações e formas de vida".[20] Experimentar a alteridade pode modificar e renovar os significados que atribuímos ao mundo.

E essa renovação é bastante necessária quando o assunto é futebol feminino, pois não é verdade que uma mulher naturalmente não se interesse por futebol ou naturalmente não saiba jogar futebol. Também não é verdade que futebol seja coisa de homem. Mas muitas mulheres ouviram e até mesmo reproduziram essas assertivas durante muito tempo, porque a configuração tanto simbólica quanto concreta dos espaços ocupados pelo futebol pertence, primordialmente, aos homens.

Somos bombardeados com uma enorme quantidade de imagens de homens jogando bola, dificilmente de mulheres. E aquilo que nossos olhos não vêem pode nos dar a impressão de que não existe. Se faz necessário, então, que mais imagens surjam, ficcionais e reais, pois, quando uma mulher decide entrar num território ainda tão resistente à presença feminina como é o futebol, é preciso que tanto ela quanto nós mesmos nos dispomos de certos padrões.

E o futebol brasileiro anda demasiadamente padronizado, pois, somos "o país do futebol" de um gênero só. Precisamos oferecer mais oportunidades ao futebol feminino, não para fazer dele algo que tenhamos que assistir somente para sermos politicamente corretos, mas porque é uma modalidade esportiva que, como outra qualquer, pode gerar interesse e paixão.

---

[19] Gomes, 1998:41.
[20] Gottfried, 1993:71.

Assim, apesar de todas as dificuldades que cercam a modalidade feminina e atrasam seu pleno desenvolvimento, este capítulo precisa ser finalizado com palavras de otimismo, pois o futebol feminino tem uma valiosa carta na manga: afinal, ele carrega consigo o frescor da novidade.

Essa mesma sensação teve Mário de Andrade, quando, após assistir em 1939 a uma partida entre Brasil e Argentina, comentava que "os argentinos são tradicionais". Apesar da derrota, Mário de Andrade notava que algo de novo surgia naquele selecionado brasileiro: "havia umas rasteiras sutis uns jeitos sambísticos de enganar, tantas esperanças davam aqueles volteios rapidíssimos, uma coisa radiosa, pânica, cheia das mais sublimes promessas".[21]

Essas esperanças, também, pululam na cabeça de muitas meninas que sonham um dia ser vistas na telinha da TV, comemorando um gol e mandando beijinhos.

Referências bibliográficas

ANDRADE, Mário de. Brasil-Argentina. In: PEDROSA, Milton (Org.). *Gol de letra*: o futebol na literatura brasileira. Rio de Janeiro: Gol, 1967.

ANDRADE, Oswald. Manifesto antropófago. In: _____. *A utopia antropofágica*. São Paulo: Globo; Secretaria de Cultura, 1990.

CAVELL, Stanley. A la recherche du bonheur: Hollywood ou la comédie du remariage. *Cahiers du Cinema*, 1993.

FRANZINI, Fábio. *As raízes do país do futebol:* estudo sobre a relação entre o futebol e a nacionalidade brasileira (1919-1950). 2000. Dissertação (Mestrado em História Social) — FFLCH, Universidade Estadual de São Paulo, 2000.

FREUD, Sigmund. *O mal-estar na civilização*. [1929]. Rio de Janeiro: Imago, 1974. v. 21.

JANSSON, María Adolfina. Aproximaciones al tema del fútbol femenino y los límites a tener en cuenta para una interpretación sociológica. In: ALABARCES, Pablo; DI GIANO, R.; FRYEDENBERG, J. *Deporte y sociedad*. Buenos Aires: Editorial Universitaria de Buenos Aires, 1998.

---

[21] Andrade, 1967:184.

GOELLNER, Silvana. *Bela, maternal e feminina*: imagens da mulher na revista *Educação Physica*. Ijuí: Unijuí, 2001.

GOMES, Duílio. Lucrécia. In: COSTA, Flávio Moreira da (Org.). *Onze em campo e um banco de primeira*. Rio de Janeiro: Relume-Dumará, 1998.

GOTTFRIED, Gabiel. Sobre o significado na literatura e o valor cognitivo da ficção. *O Que Nos Faz Pensar*, n. 7, p. 71, maio 1993.

LAQUEUR, Thomas. *Inventando o sexo*. Corpo e gênero dos gregos a Freud. Rio de Janeiro: Relume-Dumará, 2001.

LIPOVETSKY, Gilles. *La tercera mujer*: permanencia y revolución de lo femenino. Barcelona: Editorial Anagrama, 1999.

MOURA, Eriberto José Lessa. *As relações entre lazer, futebol e gênero*. 2003. Dissertação (Mestrado em Educação Física) — Unicamp, Campinas, 2003.

8

Futebol e profissionalização no Brasil: comentários a partir do filme *Passe livre*

*Maurício Murad**

 Passe livre — Ficha técnica

Diretor: Oswaldo Caldeira
País/ano: Brasil/1974
Sinopse: Documentário sobre o futebol brasileiro. A partir do jogador Afonsinho, que apresenta qualidades diferentes dos demais jogadores de futebol, meio-campista, apreciador de música, estudante de medicina, considerado um dos melhores em sua posição no Brasil, realiza-se um balanço da atual situação do jogador de futebol em nosso país: como ele se encaminha para a profissão; sua atividade na categoria juvenil e a passagem para o profissionalismo; a magia do esporte, a beleza do espetáculo e a atração que ele exerce sobre o espectador.

> *A liberdade jamais morrerá enquanto homens morrerem por ela.*
> Charles Chaplin
> (*O grande ditador*, 1940)

O documentário *Passe livre*, dirigido por Oswaldo Caldeira, sobre a vida do jogador Afonsinho, é bem mais do que um filme sobre a trajetória pessoal e profissional de um atleta do futebol de alto rendimento. O que a película fala mesmo

---

* Professor do Departamento de Ciências Sociais da Universidade do Estado do Rio de Janeiro.

é da liberdade, da luta pela liberdade, de seus limites e possibilidades. Logo na primeira cena há uma declaração de Pelé, que diz muito: "homem livre no futebol, homem livre, só conheço o Afonsinho... ninguém mais". Pelé disse isto durante o processo de renovação de seu contrato (o que é revelador) com o Santos Futebol Clube, em outubro de 1972, e a citação deixa claro o que pretende o filme, que acaba de começar.

Um contrato profissional é o resumo formal das relações de trabalho dominantes numa determinada conjuntura. Por intermédio deste documento jurídico, a realidade social mais ampla se revela, se expõe, "especialmente no futebol, onde ainda são resistentes as características feudais e até escravistas.[1]

O enredo do filme parte da conquista, na Justiça, do primeiro "passe livre" na história do futebol brasileiro, em 1971, para ir bem mais longe e construir uma síntese sociológica do nosso "esporte-rei", especialmente das lutas pela liberdade pessoal e profissional neste universo esportivo, em suas redes culturais. Expressa em linguagem artística, a fita é uma síntese do homem e de suas vivências, do futebol e de suas instituições, do país e de suas estruturas, naquele contexto social, naquele momento histórico.

O hoje médico Afonso Celso Garcia Reis, ainda defensor das causas da justiça e da liberdade entre nós, ex-vereador, ex-deputado estadual, coordenador de projetos sociais no sistema penitenciário, conferencista requisitado, foi um representante, um bom representante dos chamados "rebeldes" do futebol brasileiro. Uma saga que percorre as trajetórias de Fausto, Leônidas, Zizinho, Garrincha, Almir, Afonsinho, enfim, daqueles que vivenciaram o futebol com algum grau de consciência ou rebeldia e não aceitaram pacificamente as suas estruturas autoritárias, lutando contra as imposições e dominações, que marcam este território social.

Cada um a seu jeito, cada um a seu modo, cada um em seu contexto e possibilidades. Por isso, a película vai além da história-símbolo de Afonsinho, para analisar as relações sociais que envolvem o futebol no Brasil, este fenômeno tão importante para se entender nosso país, nossas raízes coletivas e nossas maneiras de ser, de pensar e de sentir. José Lins do Rego (1901-57), grande escritor, ensaísta e também cronista esportivo (com orgulho), teria afirmado que a com-

---

[1] Perry, 1973:68.

preensão do Brasil passa pelo futebol e através deste é possível se fazer uma psicanálise da vida brasileira.[2]

O documentário é de Oswaldo Caldeira, mas dele participam outros importantes nomes do cinema, da música, do jornalismo, da cultura brasileira, como Gustavo Dahl, Sérgio Santeiro, Gilberto Gil, Jorge Benjor e João Saldanha. Dedicado a Mário Filho, emblemático nome do nosso jornalismo esportivo e autor do livro *O negro no futebol brasileiro* (1947), clássico de nossa sociologia do futebol, o filme é evidentemente *cinemanovista*, em montagem, fotografia, luz, planos e sentidos cinematográficos. A influência de *Garrincha, alegria do povo*, de Joaquim Pedro de Andrade (1963), grande referência do nosso cinema e futebol, é mais ou menos evidente.

A ambientação de época, a reconstituição dos cenários urbanos do Rio de Janeiro das décadas de 1950, 60 e 70, de uma capital que deixa de ser capital, onde a trama se desenvolve e busca suas raízes, é notável. As praias e seus sinais de liberdade, o futevôlei (não foi Romário o seu criador; talvez tenha sido o célebre Almir, o Pernambuquinho, nos idos de 1960), o Hotel Copacabana Palace indicando a orla (desde 1922) e o calçadão desenhado em "s" com as valiosas pedras portuguesas, suas ruas, avenidas e meios de transporte, nossa música popular e a moda de então, tudo isso enriquece o panorama sociológico da obra, para que a discussão do "caso" Afonsinho esteja em seu devido lugar.

O filme é de 1974, mas não se resume a esse ano. Muito pelo contrário, alarga bastante o seu olhar, indo até 1950, quando da mitológica derrota do Brasil para o Uruguai, no final da Copa, em 16 de julho e não 16 de junho, como diz o narrador. (Este foi o dia da inauguração do Estádio do Maracanã: pela manhã, discurseira política; à tarde, seleção paulista de novos 3 x 1 na seleção carioca idem, no primeiro jogo do "Estádio Municipal").

Há um truque, digamos assim, de efeito plástico considerável, que é o diálogo entre músicas dos anos 1950 e imagens de praia dos 1970, que dilata e embeleza as fronteiras do estilo da obra: o documentário recebe a visita da ficção. A conjuntura de realização da mesma é a do último ano do governo Médici (1969-74), o mais violento entre todos do regime militar instaurado em 1964 e

---

[2] Coutinho, 1994.

aprofundado em 1968, quando da edição do Ato Institucional nº 5, a 13 de dezembro de 1968.

O autoritarismo é sutilmente apontado no depoimento de dirigentes sobre a disciplina, a necessidade da ordem, da hierarquia e da obediência dos atletas profissionais de futebol, o que na verdade era uma sublimação do militarismo então reinante em quase todas as instituições brasileiras. Especificamente no futebol institucionalizado nos clubes, o autoritarismo tem raízes que vêm de longe e que revelam nossas condições históricas e contradições sociais.

A Lei do Passe contra a qual o jogador Afonsinho se rebelou é um dos exemplos mais agudos de como nossas heranças escravocratas são resistentes. Isto para não falar no nosso racismo siderúrgico, que se manifesta em todos os setores da vida brasileira e que foi muito forte nos tempos inaugurais e severamente elitistas de nosso futebol.

Que lei é essa que proíbe, igualmente, ricos e pobres de roubar pão e dormir ao relento?
Anatole France (1844-24)

Os primeiros estudos sobre a regulamentação do passe no Brasil iniciaram-se em 1952, pelo grupo de trabalho reunido pelo Ministério do Trabalho e Previdência Social (MTPS), conforme está documentado no Processo nº 305.455/61 do referido ministério, que faz o histórico da primeira década dessa legislação e de sua institucionalização. Guardando-se as devidas diferenças de realidade entre os diferentes países, o passe é um diploma jurídico internacional e está fundamentado no art. 12, nº 5, do Regulamento da Fifa, no capítulo que trata da profissionalização do jogador de futebol. Este que se pretendia igualitário, porque uniformizava situações diversas, foi questionado exatamente por isso.

Em 1964 foi elaborado o anteprojeto que fixava as normas para a cessão dos jogadores de futebol profissional e que foi consubstanciado no Decreto nº 53.820, de 24 de março daquele ano. Observe-se que antes da tomada do poder e do centralismo instaurado pela ditadura militar (1964-85). O passe, apesar de ser internacional, sofre variações segundo as realidades envolventes, sobretudo aquelas ligadas às relações de trabalho hegemônicas. No caso brasileiro, a intenção do legislador era compatibilizar interesses divergentes, de jogadores e clubes, o que resultou numa cultura de defesa da "justiça" do passe, mesmo entre os atletas, que viam na legislação uma espécie de garantia profissional.

A realidade, contudo, foi bem distinta. Na prática, a Lei do Passe "arrochou" as relações trabalhistas entre clubes e jogadores, beneficiando aqueles em detrimento destes, bem de acordo com a estrutura social brasileira e com os poderes instalados pelos governos militares. "A questão do passe sempre foi complicada, porque os jogadores acham que é uma garantia, que, apesar de tudo, dá segurança. Atrapalha até o envolvimento com o sindicato da categoria, que está sempre vazio."[3] Na seqüência dessa idéia, os atletas acabam aceitando muitas imposições e explorações, mesmo que a contragosto, o que fica comprovado em alguns depoimentos de jogadores e principalmente de ex-jogadores.

Se na origem a referida lei era fundamentalmente destinada a profissionalizar a transferência de jogadores, a regularizar o contrato de compra e venda dos atletas do futebol de alto rendimento, neste novo contexto político, autoritário e centralizador, seu raio de ação foi ampliado para o conjunto das relações entre dirigentes clubísticos, treinadores e jogadores.

É aqui, justamente aqui, que se insere a trajetória de lutas de Afonsinho e o enredo da fita dirigida por Oswaldo Caldeira, nosso objeto de apreciação. Por isso dissemos à partida: o filme trata mesmo é do tema da liberdade, das relações de trabalho dominantes numa conjuntura ditatorial de uma sociedade baseada na concentração, na exclusão, na imposição e na subordinação, como constantes estruturais e históricos.

Esta película pode ser considerada, simbolicamente, uma metáfora das reais condições e das lutas por melhores relações de trabalho no Brasil, do mesmo modo que a instituição futebol é considerada uma metáfora da realidade brasileira, de seus fundamentos, de suas contradições. Este documentário deve ser entendido por aí, em sua perspectiva sociológica, e assim o reputamos como um clássico do cinema e do futebol brasileiros, clássico enquanto referencial, no sentido empregado por Gabriel Cohn (1977). Imperdível, portanto. Diálogo necessário para todos aqueles que buscam uma compreensão do futebol "para além das quatro linhas", como fenômeno social abrangente, como "fato social total".[4]

---

[3] Depoimento em vídeo, de Alfredo Sampaio, presidente do Sindicato dos Atletas Profissionais de Futebol do Rio de Janeiro e da Federação Nacional, ao Núcleo de Sociologia do Futebol da Uerj, em agosto de 1990.
[4] Mauss, 1974.

> *Futebol bem jogado é o mais belo espetáculo de imagens que já vi.*
> Steven Spielberg

O filme é muito bom como cinema mesmo, bem-feito na técnica e na arte, na linguagem, na direção, na fotografia. Faz um contraponto dramático entre o prazer de jogar e as exigências profissionais, realidade recorrente no futebol e não só no passado. De modo geral, em todos os continentes, este tipo de questionamento se fez e ainda se faz presente no discurso do jogador.

Uma das seqüências mais eloqüentes da fita, tanto no conteúdo do depoimento quanto nas imagens, é aquela em que Afonsinho, em diversos planos e enquadramentos, mapeado por cenas tipicamente cariocas, diz que futebol para ele "sempre foi a idéia de liberdade: vir para o Rio, me envolver com música, com o samba, com as escolas de samba, com os artistas, com a cultura carioca". Eis o desejante sentido do prazer.

De outro lado, também, conta aquilo que alguns dirigentes e membros da comissão técnica do Botafogo disseram a ele, quando deixou a barba crescer, como era "moda" naqueles anos: "assim você não parece um jogador profissional, parece mais um cantor de iê-iê-iê, um *hippie*, um subversivo". Do mesmo jeito, sua roupa à vontade era motivo de crítica, de divergências e discussões. Afonsinho não ouvia calado: opinava, resistia, reagia, diferentemente da maioria de seus colegas de profissão. Eis o duro princípio da realidade. E a luta se fez presente, instalou-se, inevitável.

Sua ascensão no Botafogo Futebol e Regatas, do Rio de Janeiro, foi muito rápida. Lá chegou como amador, vindo do XV de Jaú, em 1965, com 17 anos de idade, e foi para o juvenil, hoje júnior. Nasceu na capital paulista, em 3 de setembro de 1947, e ainda pequeno foi para Marília e em seguida para Jaú, acompanhando a família de classe média, o pai ferroviário, a mãe professora. No Botafogo chegou a treinar com Garrincha, Manga e Quarentinha, mitos do grande time alvinegro, que ainda tinha Nilton Santos e Didi, equipe que encantou o mundo e ocupa lugar de destaque nos anais da Fifa, em Zurique.

Considera-se um "jogador de passagem", entre este e o segundo grande plantel botafoguense, do qual fez parte, juntamente com Jairzinho, Gerson, Paulo César "Caju", Roberto e Rildo. Seu futebol habilidoso, elegante e objetivo logo o credenciou para a seleção carioca e sua liderança e boa relação com os colegas o conduziram à função de capitão do time principal do Botafogo, numa época em que a equipe estava recheada de craques e era, como já fora no passado, a base da seleção brasileira.

A ruptura com os dirigentes do clube de General Severiano ("os 'hômi', como se falava no vestiário"), teve início após a excursão ao México, em 1968 (o Torneio Hexagonal, um dos mais importantes títulos internacionais do clube), contra as "medidas de força", implementadas pela presidência e pelo treinador.

"Direção e técnico estavam muito afinados" e em sintonia com o contexto político daquele período de intensa repressão, que assolava por inteiro a realidade brasileira, a conjuntura do "golpe dentro do golpe". É bom lembrar que Charles Borer, que presidiu o Botafogo e foi homem forte do departamento de futebol nos anos 1970, era delegado de polícia e sobre ele pesavam denúncias de participar dos órgãos de repressão e tortura, na etapa mais negra dos "anos de chumbo". Também foi em sua gestão que a histórica sede do Botafogo, de arquitetura majestosa, foi vendida (!) para a Companhia Vale do Rio Doce, episódio conhecido (e de triste memória), símbolo do autoritarismo reinante, que deprimiu botafoguenses e amantes do futebol, em geral.

Os supercraques do time do Botafogo respeitavam suas posições, mas não queriam se envolver em questões políticas, e ele ficou isolado. Somente mais tarde Paulo César "Caju" passou a denunciar o racismo de forma mais sistemática, com o tímido apoio de Jairzinho, o "Furacão da Copa". O sindicalismo no futebol brasileiro ainda não havia sequer começado.

O primeiro sindicato de atletas profissionais de futebol, no Brasil, foi fundado bem mais tarde, em 1979, no Rio de Janeiro, na conjuntura pós-AI 5 (1968-78), no início do processo de abertura política e anistia. A seguir, vieram os de São Paulo, Paraná, Rio Grande do Sul, Piauí, Santa Catarina, Pernambuco e Rondônia. Somente em 1990 foi criada a Federação Nacional de Atletas Profissionais de Futebol, sediada no Rio de Janeiro.

A habilidade que tinha com a bola não lhe faltou na luta por seus direitos. A solução encontrada por Afonsinho foi metade política, metade jurídica: articulou-se com outros setores da sociedade e da cultura brasileiras, para fazer pressão e, paralelamente, procurou a Justiça. A amizade com Paulinho da Viola e o poeta Capinam abriram o caminho e logo ficou amigo de Gilberto Gil, que o homenageou na canção "Meio-campo" (tema do filme), e de muitos outros nomes da música popular brasileira. Sua luta solitária nos meios esportivos ganhou as ruas e repercutiu. Foi emprestado ao Olaria, pequena agremiação do subúrbio carioca. A tática era clara: punir sua rebeldia e isolar ainda mais o seu protesto.

Quando voltou ao Botafogo, seis meses depois, o dirigente Xisto Toniato proibiu que ele treinasse de barba. É bom lembrar que o uso da barba foi uma marca da "Geração 68", que se inspirou nas "barbas revolucionárias" de Fidel e Guevara. O treinador Zagalo, já tri-campeão do mundo e homem assumidamente conservador, estava mais do que nunca fortalecido em sua função técnica e ideário político. Não houve outra alternativa para Afonsinho a não ser aumentar o apoio que tinha de outros setores e entrar na Justiça para obter o "passe livre", processo que levou nove meses e terminou com veredicto favorável.

> *No Brasil, o profissionalismo tem sido mais deveres para o jogador e mais direitos para os dirigentes e intermediários.*
> Afonsinho

Quase 40 anos depois da histórica reunião realizada na noite de 21 de janeiro de 1933, no Conselho Deliberativo do Clube de Regatas Vasco da Gama, e daquele que é considerado o primeiro jogo do futebol profissional no Brasil, a 2 de abril de 1933 no estádio de São Januário, entre Vasco e América do Rio de Janeiro, momentos fundamentais da implantação do profissionalismo entre nós, o jogador Afonsinho ganha na Justiça o primeiro "passe livre" de nossa história, após longo e desgastante processo de luta.

Este combate deu-se essencialmente na esfera legal, contudo foi cercado de grande repercussão e intenso simbolismo, resultado das diversas iniciativas de apoio e da pressão de variados setores da cultura e da sociedade brasileiras. Quem viveu minimamente os primeiros anos da década de 1970 no Brasil, há de se lembrar de Afonsinho, de seu "passe livre" e do filme de Oswaldo Caldeira, emblemas possíveis da resistência política de então.

Passados mais de 30 anos da realização da película, o ambiente do jogador profissional de futebol no Brasil segue embrulhado em polêmicas sobre a Lei do Passe (Lei Zico, Lei Pelé, CPI do futebol), a alta concentração de salários (somente uma ínfima minoria ganha muito), as transferências para o exterior (em 2005, 878 atletas deixaram o país; em 2004, 857, segundo a CBF), os desmandos de dirigentes, a sonegação fiscal, o atraso nos pagamentos de salários, de premiação, dos direitos de imagem, o autoritarismo, os preconceitos, as tentativas de utilização política do futebol, a corrupção. Problemas que, na verdade, não são exclusivos do futebol, mas da realidade brasileira como um todo e que foram analisados no documentário de Oswaldo Caldeira, através do futebol, esta expressiva marca das identidades brasileiras. Guardadas as devidas diferenças, que são muitas, como é óbvio, os inúmeros problemas abordados pela fita continuam correndo mais ou menos na mesma raia. Mais ou menos, claro.

O doutor Afonso Celso Garcia Reis jogou futebol até os 35 anos de idade. Atuou profissionalmente, além do Botafogo, no Olaria, no Santos, no América de Minas Gerais, no Madureira, no Fluminense. Afonsinho amadureceu sua relação com o futebol e em seu depoimento ao Núcleo de Sociologia da Uerj, em 8 de agosto de 1990, declarou:

> tentava sempre fazer de um jeito que meus contratos de trabalho conseguissem um equilíbrio entre o prazer de jogar do atleta e os interesses econômicos do clube. Isso é profissionalismo... pra mim. Mas, infelizmente, não é o que se vê. Tudo no Brasil ficou exageradamente comercial e o passe é um exemplo disso.

Seu último vínculo com o futebol profissional foi com o Fluminense Futebol Clube do Rio de Janeiro, em 1982:

> Ali senti que era hora de parar. Acho que foi um instante de sabedoria. Estava na porta da Funabem, em Quintino, pra uma partida beneficente, quando um garoto passou por mim e me perguntou: "Tio, onde vai ter um jogo de futebol aqui?"

Conta que foi impossível não se lembrar de um diálogo que teve com Gilberto Gil, na arquibancada do Maracanã, quando o compositor lhe perguntou o que achava daquele fenômeno todo que era a imensa e vibrante manifestação dos torcedores e, a partir de sua resposta, Gil cantarolou uma nova canção, em sua homenagem, que estava nascendo ali mesmo e que começava com sua frase-resposta: "o bom jogador é aquele que não engana a geral".

O argumento de Oswaldo Caldeira estabeleceu um diálogo fértil entre duas importantes linguagens da cultura brasileira: nosso cinema e nosso futebol. A estética de ambos joga com imagens e com movimentos. O século XX foi o século do cinema; o século XX foi o século do futebol. Os autores destas frases? Glauber Rocha e Pelé, dois ícones fundamentais do cinema e do futebol, respectivamente.

São fecundas e múltiplas as possibilidades relacionais entre a arte cinematográfica e o mais popular e apaixonante esporte do mundo. *Passe livre* é um bom exemplo daquilo que pode ser um cinema de qualidade em torno do futebol, além de ser um estímulo a novos projetos fílmicos, enfocando as diversas facetas deste multissignificativo evento da cultura das multidões em nosso país. Que esta tendência em reconhecer o valor do futebol para a compreensão de nosso sistema simbólico se confirme e ajude a consolidar por aqui uma tradição de filmes voltados para esse enredo.

> *A arte de jogar futebol é uma contribuição brasileira e é um dos poucos valores que considero genuinamente universais.*
> Eric Hobsbawm,
> tido como o maior historiador da atualidade

Referências bibliográficas

COHN, Gabriel. *Sociologia*: para ler os clássicos. São Paulo: Livros Técnicos e Científicos, 1977.

COUTINHO, Edilberto. Futebol e literatura no Brasil. *Revista Pesquisa de Campo*, n. 0, 1994.

MAUSS, Marcel. Ensaio sobre a dádiva. In: *Sociologia e antropologia*. São Paulo: Edusp, 1974.

PERRY, Valed. *Futebol e legislação*: nacional e internacional. Rio de Janeiro: CBD, 1973.

9

Futebol — nunca somente um jogo: comentários a partir do filme *Febre de bola*

*Antonio Holzmeister Oswaldo Cruz**

 ***Febre de bola* — Ficha técnica**

Diretor: David Evans
País/ano: Grã-Bretanha/1997
Sinopse: Torcedor fanático do Arsenal da Inglaterra (Colin Firth) se apaixona por uma garota justamente quando o seu time tem a chance de voltar a ser campeão depois de 18 anos. O problema é que suas duas paixões começam a entrar em conflito.

Introdução

Febre de bola (*Fever pitch*, no original) é um filme baseado em livro homônimo, escrito pelo autor inglês Nick Hornby, torcedor fanático do Arsenal. Antes de tudo, é um filme sobre relacionamentos. Relacionamento amoroso entre um homem — Paul Ashworth, professor de língua inglesa em uma escola londrina, e uma mulher — Sarah Hughes, professora de história na mesma escola; e relacionamento devocional entre Paul e uma equipe de futebol: o time do Arsenal, de Londres. O roteiro do filme se desenvolve a partir deste triângulo amoroso e suas

---

* Doutorando do Programa de Pós-Graduação em Antropologia Social do Museu Nacional da Universidade Federal do Rio de Janeiro.

complicações. Nas próprias palavras de Paul, "A vida se complica quando você ama uma mulher e reverencia onze homens".

O romance entre ambos começa logo nas primeiras cenas, após se conhecerem na escola. Ele, estilo meio largadão, comenta com um amigo sobre uma professora nova na escola, estilo "caxias", mantendo certa distância com os alunos. Ela, por sua vez, comenta com uma amiga sobre o professor de inglês da escola, que só fala de futebol durante a aula. Treinar o time da escola é fácil, diz ela, difícil é dar aula de verdade. A aproximação entre estes dois opostos é inevitável.

A partir daí, Ms. Hughes é tragada pelo mundo futebolístico de Paul. Pouco a pouco, se vê reconhecendo jogadores do Arsenal na televisão, lembrando seus nomes, comentando o último jogo com a amiga; sabe qual é a próxima *fixture* (jogo) do Arsenal e decora a posição do time na tabela. A obsessão de Paul, porém, não se detém em acompanhar a equipe no campeonato. Sua vida inteira está relacionada ao Arsenal, desde sua roupa de cama até a forma como percebe o passar do tempo: uma série de *fixtures* que tem um início e um fim, e recomeça no ano seguinte. Inevitavelmente, em algum momento, Paul terá de decidir se se importa mais com seu relacionamento amoroso com Sarah ou com a possibilidade de o Arsenal vencer o título novamente, depois de 18 anos.

O livro que inspirou o filme é um diário autobiográfico de Nick Hornby (2000), que relaciona os eventos mais marcantes de sua vida a conquistas ou derrotas de sua equipe do coração. O filme, roteirizado pelo próprio Hornby, se concentra no ano de 1989, quando o Arsenal se sagrou campeão após 18 anos de "fila". Ano, também, em que aconteceu uma das maiores tragédias esportivas na Inglaterra: em um jogo entre Liverpool e Nottingham Forest, pela Copa da Inglaterra, cerca de 90 torcedores morreram, pisoteados ou prensados nos alambrados que separavam a torcida do gramado de jogo. Em um primeiro momento, a culpa pelo incidente foi atribuída à ação de *hooligans*, que teriam iniciado uma briga nas arquibancadas. Mais tarde, porém, concluiu-se que o desastre se deu em função da superlotação do estádio e justamente da presença de alambrados e grades que separavam os torcedores do campo e os confinavam em jaulas nas arquibancadas, limitando assim sua capacidade de movimentação em caso de confusão e briga nas arquibancadas.

De modo bem humorado, o filme discute alguns dos lugares-comuns sobre o futebol e seus torcedores, capazes de provocar uma reflexão mais profunda por parte de cientistas sociais acerca do jogo e seus aficionados torcedores. Destacamos dois neste capítulo: o lugar-comum de que o futebol é "só um jogo" (palavras proferidas pela personagem Sarah Hughes, em momento de crise com Paul), e o que diz que torcedores aficionados estão, no mínimo, perdendo seu valioso tempo com uma atividade sem sentido ou, em um outro extremo, se envolvendo em uma coisa de certa forma perigosa, capaz de alterar o sentido das pessoas, levando-as a um comportamento reprovável ou até mesmo anti-social.

"It's only a game!"

Em um dado momento do filme, Paul e Sarah travam uma discussão de relacionamento. Sarah está grávida de Paul (ambos lecionam na mesma escola). Por outro lado, a equipe do Arsenal encontra-se em um ponto crucial de sua campanha para tornar-se campeão inglês após 18 anos, com a missão de vencer o Liverpool por dois gols de diferença no último jogo da temporada, no estádio do adversário. Vendo a pouca habilidade de Paul em lidar com o fato de sua gravidez de forma adulta, habilidade esta que diminui a cada partida perdida pelo Arsenal (o que faz com que a equipe perca sua liderança confortável na tabela e tenha que vencer o último jogo), Sarah questiona a atitude de Paul com o argumento de que o futebol seria somente um jogo e que Paul não deveria se preocupar tanto com o Arsenal. A resposta de Paul é veemente: é claro que o futebol não é só um jogo, de outra forma, ele (e possivelmente os milhares de torcedores do Arsenal) não estaria se comportando daquela maneira. Afinal, são mais de 20 anos de relacionamento com o Arsenal e 18 de espera pela conquista do campeonato. O que são seis meses de relacionamento amoroso e uma gravidez acidental comparados a isso?

Podemos encontrar na sociedade dados que confirmam a afirmação de Paul/Nick Hornby no filme, de que o futebol claramente não é só um jogo. Por exemplo, a média de público no estádio de um time chamado "grande". Não há jogo do Arsenal em seu estádio em Highbury que não venda todos seus ingressos, cerca de 39 mil torcedores, pelo menos duas vezes por mês (assumindo que uma equipe alterne jogos em casa e fora de casa no campeonato), ano após ano, campeonato após campeonato. No Brasil, a média do último Campeonato Brasileiro ficou em torno de 15 mil torcedores por partida. São 15 mil torcedores em cada uma das 11 partidas em uma única rodada do campeonato, para um total de 165 mil torcedores por rodada (o último Campeonato Brasileiro contabilizou 42 rodadas). Qual outra atividade reúne, no país, todo fim de semana, 165 mil pessoas? O futebol certamente atrai mais adeptos do que sindicatos e partidos políticos, por exemplo, congregações que representariam o cidadão em esferas (o trabalho e a política) supostamente mais importantes na sua vida em sociedade.

Em um registro mais sombrio, podemos citar as brigas ocorridas entre torcidas rivais, muitas vezes com mortes, verificadas nos mais diversos países. Se o futebol fosse só um jogo, estariam essas pessoas se confrontando a ponto de se matarem umas às outras? Claramente, para muitos, o futebol significa algo mais do que meramente um jogo.

Dessa forma, um caminho interessante que os cientistas sociais poderiam seguir para tentar explicar o fenômeno do futebol (e também de outros esportes), seria tentar desvendar qual o *significado* do esporte para as pessoas que o vivenciam, sejam elas praticantes profissionais (para estas, o futebol certamente *não* é "só" um jogo!) ou torcedores. Usamos a palavra "significado", aqui, não no sentido de dar uma interpretação hermenêutica do fenômeno do futebol, mas o significado do futebol em seu contexto social, relacionando-o a outros fenômenos sociais, de cunho político, econômico, cultural... Não se trata do que o futebol quer dizer para um grupo de pessoas, mas sim como as pessoas constroem a realidade social e qual a função do futebol nesta operação. No caso de Nick Hornby, encarnado na personagem de Paul, o futebol é a principal referência na construção de sua memória. As crises em seu relacionamento com Sarah estão alinhadas com eventos futebolísticos marcantes: o desastre de Hillsborough e as derrotas do Arsenal que põem em risco suas reais chances de reconquistar o título inglês. Por outro lado, a reconciliação se dá com a confirmação da conquista do título em cima do Liverpool, com um gol no último minuto. Somente dois exemplos, que se multiplicam no livro que originou o filme.

Isso não explica, porém, a força que o futebol possui no sentido de nortear o comportamento e as representações das pessoas acerca do futebol. Um passo neste sentido foi dado pelo sociólogo alemão Norbert Elias e seus colaboradores, ao aplicarem a teoria do *processo civilizador*, desenvolvida por Elias, ao estudo dos esportes. Simplificando grosseiramente, Elias diz que, com o passar dos tempos, os povos vão se tornando mais civilizados, no sentido de internalização de certos comportamentos que cada vez mais vão eliminando o uso da violência no trato social entre as pessoas. Países que estivessem em um estágio mais avançado do *processo civilizador* possuiriam um patamar mais elevado de repugnância em relação à violência no trato social.

Assim, os jogos primitivos que antecederam o futebol na época medieval (também conhecidos por *folk football* ou *mob football*), colocando em confronto vilarejos vizinhos ou bairros de uma mesma cidade, nos quais a violência física era um componente marcante, podendo inclusive ocorrer mortes durante a disputa,[1] foram progressivamente adquirindo um aspecto mais civilizado, a ponto de, no século XIX, ocorrer a *esportificação* destes jogos de futebol primitivos, com a adoção de regras escritas e um elemento externo (o árbitro) que mediasse o combate — agora teatralizado, metafórico — entre duas equipes, que não necessariamente deixaram de representar as mesmas pessoas (ou regiões) de antes.

Outro traço marcante do processo civilizador é a pressão psicológica exercida sobre as pessoas no sentido de reprimir suas pulsões no convívio social. Na teoria eliasiana, o esporte de modo geral e o futebol em particular cumpririam a função de ser uma válvula de escape catártica a esta pressão. Torcedores compareciam aos estádios justamente em busca da *excitação* para liberar suas pulsões e assistir a uma guerra teatralizada.[2] Para alguns, a excitação experimentada em uma partida de futebol muitas vezes não era o suficiente, e precisava ser intensificada por meio de apostas esportivas ou do confronto direto com o torcedor da outra equipe.[3]

Esta busca pela excitação nos parece ser muito bem retratada em *Febre de bola*. O jovem Paul, filho de pais separados e morador de um subúrbio longínquo de Londres, leva uma vida desinteressante (pelo menos o filme leva a crer nisto) e com poucos desafios, até o momento em que seu pai, não sabendo mais o que fazer para se aproximar do filho que raramente vê, leva-o para uma partida de futebol, onde conhece a excitação de torcer. Esta mesma excitação Paul — já com 30 anos, na sociedade inglesa com seus traços vitorianos de repressão dos sentimentos, trabalhando em uma escola, uma instância a mais de repressão das emoções — buscará no *north bank* (bancada norte) do estádio de Highbury, onde se encontram os torcedores mais participantes, que gostam de assistir o jogo em pé.

As diferentes atitudes em relação a essa busca da excitação podem ser percebidas quando Paul leva Sarah para ver um jogo do Arsenal na bancada norte. Enquan-

---

[1] Ver Dunning e Sheard (1979).
[2] Ver Elias e Dunning (1992).
[3] Ressalte-se que as observações de Elias e seus colaboradores baseavam-se na realidade da Inglaterra, que conviveu anos o fenômeno do *hooliganismo* no futebol e onde a aposta esportiva é um fenômeno difundido e legalizado.

to ele se comporta da mesma forma de quando tinha 12 anos e apenas iniciava sua relação de 21 anos com o Arsenal, vociferando e vibrando a cada jogada, Sarah está totalmente deslocada neste espaço (não necessariamente masculino), em companhia de pessoas com uma expectativa e um comportamento em relação ao jogo totalmente diferentes dos seus. Não é de se espantar, portanto, que não tenha gostado nada de sua experiência, e sua rejeição ao jogo só aumenta ao saber as notícias vindas do estádio de Hillsborough, sobre a morte de dezenas de torcedores.

Temos então que, constituindo-se em algo como uma batalha ritualizada entre duas partes, o futebol surge não só como uma poderosa instância de relaxamento das pressões impostas ao indivíduo em função do processo civilizador, como também como uma forma pela qual se pode pôr em jogo uma série de rivalidades e diferenças, sejam elas geográficas, econômicas, raciais ou religiosas.

Os exemplos vão desde os ataques racistas de torcedores espanhóis a jogadores negros (sempre pertencentes à equipe adversária), passando por embates como o Fla-Flu, no Rio de Janeiro, e o Gre-Nal, em Porto Alegre (times e torcidas associados a camadas populares *versus* times e torcidas associados a camadas de elite); a Juventus — equipe ligada à indústria e com a qual muitos imigrantes se identificam — contra o Torino, da mesma cidade, por sua vez identificado com os torcedores nativos da cidade (algo semelhante acontece no embate entre o Manchester United e o Manchester City, na Inglaterra); e o embate entre o Celtic Glasgow — equipe que representa não só a população católica desta cidade escocesa como também torcedores católicos da Irlanda do Norte que atravessam o Mar do Norte para acompanhar o time — e o Glasgow Rangers, que representa a maioria protestante da cidade e, aos olhos dos irlandeses católicos, o poderio militar da Coroa britânica que ocupa seu país, dando contornos religiosos e políticos ao clássico conhecido por "*old firm*" ("a velha rixa"), que deixou, há muito tempo, de ser somente um jogo.

"If you like football, you must be a yob"[4]

A frase acima, que poderíamos traduzir por "se você gosta de futebol, você deve ser uma pessoa violenta (ou um *hooligan*)" é dita por Sarah Hughes a uma

---

[4] *Yob* é uma gíria inglesa que indica uma pessoa jovem com um comportamento agressivo e violento. Um de seus sinônimos é a palavra *hooligan*.

amiga ao saber que Paul de fato é um fanático por futebol. Se formos pesquisar a realidade dos estádios e o que se diz sobre os torcedores de futebol — principalmente os organizados —, veremos que são muitas as pessoas que partilham da idéia de que o torcedor de futebol é, potencialmente, um arruaceiro.

Esta noção preconcebida do torcedor se reflete na atitude tanto das pessoas em relação a ele, como pudemos ver, quanto dos dirigentes de clubes e das autoridades competentes requeridas para a realização de uma partida de futebol. Na Inglaterra já houve um grande avanço nas estratégias para garantir a segurança dos torcedores em partidas de futebol, em função do já mencionado desastre do estádio de Hillsborough, quando o medo que a polícia teve da ação de grupos *hooligans*, baseado em um preconceito, a impediu de agir mais rápido, contribuindo para o desenrolar da tragédia. Por outro lado, em países como o Brasil os torcedores ainda são recebidos nos estádios por policiais montados brandindo seus cassetetes e frascos de gás-pimenta, evidenciando o ceticismo das autoridades em relação ao comportamento considerado "civilizado" dessas pessoas.[5] No Brasil estão sendo adotadas as mesmas medidas da Inglaterra para lidar com os torcedores, submetidos a uma vigilância onipresente nos estádios, por meio de câmeras de monitoramento e circuitos fechados de televisão.

A incapacidade de Sarah e de dirigentes e policiais de entender que fanáticos por seu clube como Paul são pessoas perfeitamente normais, se inscreve, sem sombra de dúvida, em uma história marcada por ações violentas de muitos torcedores, freqüentemente causando mortes.[6] Por outro lado, esta visão preconcebida pode estar relacionada à perplexidade que alguns experimentam ao se deparar com pessoas que dedicam boa parte de seu tempo ao time e à torcida, que gastam seu dinheiro ganho a duras penas em partidas de futebol, camisas oficiais e mercadorias licenciadas pelo clube, ou, então, gastam seu tempo e seu dinheiro com a própria torcida organizada à qual são filiados.[7] Como diz Bourdieu (1983), o futebol — e também a torcida pelo time preferido — é uma coisa pela qual as

---

[5] "*Today, football's 'dark assumption'* [isto é, a criminalização automática dos torcedores] has become a fear about the capacity of individuals to interact and function with civility" (Brick, 2000).
[6] Lembremos a morte de três torcedores no espaço de uma semana em brigas entre torcidas organizadas, durante o Campeonato Brasileiro de 2005.
[7] Toledo, 1996.

pessoas estão prontas a sacrificar suas vidas. Como entender pessoas que estão prontas a desperdiçar seu tempo de trabalho e de lazer, seu salário em uma atividade que, afinal, é "só um jogo"? *What is the point of it all?*, pergunta Sarah em dado momento. Ao que responde sua amiga Jo: talvez a finalidade do futebol sejam os resultados do fim de semana. Talvez ela não esteja muito longe da verdade.

Fast forward em algumas cenas: Paul conversa com um de seus alunos, Robert, torcedor do Arsenal e que também faz parte da equipe da escola. Ele deseja muito ir ao próximo jogo do Arsenal, mas sua mãe recusa-se a deixá-lo ir sozinho. Robert pergunta então se Paul o levaria para um jogo, pois não haveria problemas com sua mãe se fosse acompanhado de um adulto. Resposta de Paul: "Sinto muito, Robert, mas sábados (dia tradicional de futebol na Inglaterra) são os únicos dias em que não sou um adulto responsável, eu me transformo em alguém da sua idade". "Por que adultos não podem perder o controle de vez em quando?", se pergunta Paul. Por que o estereótipo de pessoas bobas, que não conseguem conversar sobre grandes temas, que não conseguem expressar suas necessidades emocionais? Qual o ponto, afinal, em tudo isso?

"Pertencer a alguma coisa e se importar com algo", diz Paul. "Não é fácil virar um torcedor de futebol. Demora anos. Se você se dedicar, será bem-vindo em uma nova família. Exceto que, nesta família, você se importa com as mesmas pessoas e tem expectativas sobre as mesmas coisas. O que há de tão infantil nisso?"

Temos aí os dois elementos que vínhamos discutindo: o futebol como uma válvula de escape para pessoas que devem manter certo tipo de comportamento perante a sociedade e o pertencimento a um grupo que possui algum tipo de expectativa quanto ao adversário e o resultado do jogo, em outras palavras, uma expectativa sobre as questões postas em jogo em uma partida de futebol: diferenças regionais (bairro, cidade, país), econômicas (times "de elite" contra times "populares") e por aí vai, diferenças estas muitas vezes já esquecidas na história, mas que em um dado momento, sem sombra de dúvida, representaram um primeiro impulso forte na formação da auto-imagem idealizada de cada parcela da população que se identificava mais ou menos com cada equipe ou com os torcedores das outras equipes.

É por isso que o futebol é tão apaixonante: ele envolve muito mais do que o resultado final estampado em um placar eletrônico (apesar de só isto, muitas vezes, já ser o suficiente para fazer sentido — ou não — para seus aficionados). O futebol possui muitas outras utilidades, ou finalidades, para além do resultado em si ou da tabela com seu time na ponta, impressa no tablóide esportivo nas segundas-feiras. Serve também para fazer dinheiro ou inspirar obras-de-arte, como mostram outros capítulos deste livro. Serve, da mesma forma, para pensar a sociedade.

Referências bibliográficas

BOURDIEU, P. *Questões de sociologia*. Rio de Janeiro: Marco Zero, 1983.

BRICK, C. Taking offence: modern moralities and the perception of the football fan. *Soccer and Society*, v. 1, n. 1, 2000.

DUNNING, E.; SHEARD, K. *Barbarians, gentlemen and players*: a sociological study of the development of rugby football. New York: New York University Press, 1979.

ELIAS, N.; DUNNING, E. *A busca da excitação*. Lisboa: Difel, 1992.

HORNBY, Nick. *Febre de bola*. Rio de Janeiro: Rocco, 2000.

TOLEDO, Luiz H. de. *Torcidas organizadas de futebol*. Campinas: Autores Associados, Anpocs, 1996.

Esta obra foi impressa pela
Sermograf Artes Gráficas e Editora Ltda. em papel
offset Alta alvura para a Editora FGV
em maio de 2006.